Heinz Magenheimer
Abwehrschlacht an der Weichsel 1945

Einzelschriften zur militärischen Geschichte
des Zweiten Weltkrieges

20

Herausgegeben vom Militärgeschichtlichen Forschungsamt

Freiburg

Heinz Magenheimer

Abwehrschlacht an der Weichsel 1945

Vorbereitung, Ablauf, Erfahrungen

Verlag Rombach Freiburg

 Herstellung im Druckhaus Rombach+Co GmbH, Freiburg im Breisgau, Printed in Germany.
ISBN 3-7930-0179-2

Inhalt

Skizzen

Ausgeführt von Johannes Schüren

Einleitung

Die vorliegende Studie hat zum Ziel, Vorgeschichte und Ablauf des sowjetischen Durchbruchs an der Weichsel im Januar 1945 aus der Sicht des Oberkommandos der deutschen Heeresgruppe A zu untersuchen. Es gilt in erster Linie, Vorbereitungen und Abwehrmaßnahmen der Heeresgruppe A in den Gesamtzusammenhang der Geschehnisse an der Ostfront 1944/45 zu stellen; gleichzeitig soll damit die Frage nach der Wechselwirkung zwischen der Ardennen-Offensive und den Verteidigungsvorkehrungen gegenüber dem sowjetischen Aufmarsch zwischen Ostsee und Karpaten aufgeworfen werden.

Darüber hinaus ist der zu behandelnde Komplex aufs engste mit der Frage der Führungsverantwortlichkeit des OKW und des Generalstabes des Heeres verflochten. Es soll versucht werden, die grundsätzlichen Überlegungen auf deutscher Seite in der Endphase des Zweiten Weltkrieges im Rahmen des letzten Angriffes der Alliierten auf die »Festung Europa« zu untersuchen.

Obwohl das Kernthema der Arbeit die Vorbereitungen zur Abwehrschlacht der Heeresgruppe A darstellt, so mußten doch wichtige Sachbezüge zur Lage der Heeresgruppe Mitte im ostpreußischen Raum hergestellt werden. Dabei konnte der Verfasser auf wesentliche Aussagen des grundlegenden Werkes »Abwehrkämpfe am Nordflügel der Ostfront 1944–1945« (Beiträge zur Militär- und Kriegsgeschichte, Band 5, Stuttgart 1963) zurückgreifen. Liegt somit über die Kampfhandlungen der Heeresgruppe Mitte im besagten Zeitraum (Januar 1945) eine ausführliche Darstellung vor, so steht eine analoge Untersuchung für den Abschnitt der südlich benachbarten Heeresgruppe A bisher nicht zur Verfügung. Die vorliegende Arbeit erhebt jedoch nicht den Anspruch, eine solche Untersuchung zu bieten, sondern versucht vielmehr, die operative Problematik der Abwehr- und Angriffsmaßnahmen beider Seiten zu beleuchten.

Wegen des beschränkten Umfanges dieser Arbeit und da die

Aktenlage eine lückenlose Darstellung der Ereignisse bis etwa auf Divisionsebene nicht immer zuläßt, soll das Schwergewicht der Studie im Bereich des Oberkommandos der Heeresgruppe und der unterstellten Armeen liegen. Für die Abhandlung war eine aufschlußreiche Dokumentensammlung wertvoll: »Überlegungen für die Abwehrschlacht im großen Weichselbogen nach dem Stand von Ende Dezember 1944«[1]. Bei der Analyse der sowjetischen Angriffsvorbereitungen stützt sich die Arbeit vor allem auf Feindbeurteilungen und Aufklärungsergebnisse der Abteilung »Fremde Heere Ost« im Generalstab des Heeres. Durch die Gegenüberstellung dieser Ergebnisse mit den zugänglichen Angaben in der sowjetischen Publizistik ist ein Bild von der Zuverlässigkeit der Recherchen des deutschen Nachrichtendienstes zu gewinnen.

Für das Zustandekommen dieser Studie schuldet der Verfasser in erster Linie Dank Frau Dr. Ursula v. Gersdorff vom Militärgeschichtlichen Forschungsamt in Freiburg, die der Arbeit volle Unterstützung zuteil werden ließ. Ebenfalls sei den Herren des Bundesarchiv-Militärarchivs in Freiburg, die an der Beschaffung der Akten und anderen Unterlagen entscheidend mitgewirkt haben, der Dank ausgesprochen. Gleichzeitig schulde ich Dank meinem verehrten Lehrer, Herrn Univ. Professor Dr. Ludwig Jedlicka, der der Arbeit stets ein förderndes Interesse entgegengebracht hat. Nicht zuletzt sei Frau Dr. Edith Wohlgemuth vom Österreichischen Staatsarchiv/Kriegsarchiv in Wien für ihre Beratung in Fragen der Fachliteratur herzlich gedankt.

Wien, im Juli 1976 — Der Verfasser

1 BA-MA, RH 19 VI/4, zit. Abwehrschlacht.

I. Zur militärischen Lage im Herbst 1944

1. Der westliche Kriegsschauplatz

»In einer verzweifelten Lage kann nur ein *verzweifelter* Entschluß vielleicht noch helfen[2]«. Diese im Jahre 1946 geäußerte Bemerkung des Chef des Wehrmachtführungsstabes soll die politische und militärische Lage des Deutschen Reiches in der zweiten Jahreshälfte 1944 kurz beleuchten. Die Äußerung Generaloberst Jodls bezieht sich auf den Entschluß zur Ardennen-Offensive im Dezember 1944, steht aber mit der prekären Lage an der deutschen Ostfront in engem Zusammenhang. Es ging dabei für die Oberste deutsche Wehrmachtführung um die Kardinalfrage, ob die noch verfügbaren operativen Reserven des Heeres und der Luftwaffe zu einer letzten, großangelegten Offensive im Westen herangezogen oder ob die Reserven zur Stützung der bedrohten Ostfront bereitgestellt werden sollten. Da diese Frage die Abwehrvorbereitungen der Heeresgruppe A entscheidend tangiert, erscheint es notwendig, auf die strategische Gesamtlage im Herbst 1944 einzugehen.

Die militärische Lage zu Lande war seit dem Frühsommer 1944 durch eine Kette von katastrophalen Niederlagen gekennzeichnet; diese fanden ihren Höhepunkt in der gelungenen Invasion der Alliierten vom 6. Juni und in der Zertrümmerung der deutschen Heeresgruppe Mitte in Weißrußland nach dem 22. Juni. Die anglo-amerikanische Invasion in der Normandie kulminierte in dem erfolgreichen Durchbruch bei Avranches am 31. Juli und im »Kessel von Falaise« (13. bis 20. August); von zirka

2 Zit. nach H. Jung, Die Ardennen-Offensive 1944/45. Ein Beispiel für die Kriegführung Hitlers, Göttingen–Zürich–Frankfurt/M. 1971 (= Studien und Dokumente zur Geschichte des zweiten Weltkrieges, hrsg. vom Arbeitskreis für Wehrforschung, Bd 12), S. 201, zit. Jung.

80 000 Mann, die im Kessel eingeschlossen worden waren, gelang nur 20 000 mit 62 Panzern der Ausbruch[3].

Nach dem Rückzug über die Seine verfügte die deutsche Heeresgruppe B Ende August noch über 11 geschwächte Infanteriedivisionen, während die noch vorhandenen 11 Panzer- beziehungsweise Panzergrenadierdivisionen keinen nennenswerten Kampfwert mehr darstellten. Der deutsche Rückzug fand erst Anfang September in den notdürftig instand gesetzten festen Anlagen des »Westwalls« sein Ende; die Front verlief nunmehr von der Scheldemündung im Raum von Antwerpen ostwärts in Richtung Maas, erreichte südlich von Aachen den Westwall, an den sie sich bis in den Raum von Trier anlehnte, und erstreckte sich hierauf über Metz und Belfort bis zur Schweizer Grenze. Diese Frontlinie konnte – bis auf einige tiefe Einbrüche in Südholland und in Elsaß-Lothringen – im großen und ganzen bis zum Beginn der Ardennen-Offensive am 16. Dezember gehalten werden.

Dem Oberbefehlshaber West unterstanden am 1. Dezember vier Heeresgruppen (H, B, G, »Oberrhein«) mit etwa 420 000 Mann, wobei aber die Verluste im Zeitraum vom 10. September bis 10. Dezember an Gefallenen, Verwundeten und Vermißten über 430 000 betrugen[4], die nur teilweise wieder ersetzt werden konnten. Noch kritischer gestaltete sich die Lage bei der Ausstattung mit gepanzerten Fahrzeugen. Mitte November 1944 verfügte die Westfront über 1034 Panzer und Sturmgeschütze, von denen aber nur 775 Fahrzeuge als einsatzbereit galten[5]; demgegenüber konnten die Alliierten über 6000 Panzerfahrzeuge zum Einsatz bringen.

Diese wenigen Zahlenangaben sollen den Zustand des deutschen Westheeres vor Beginn der Ardennen-Offensive verdeutlichen. Durch Neuaufstellungen und rigorose personelle Maßnahmen konnte die für den Angriff vorgesehene Heeresgruppe B (Generalfeldmarschall Model) personell und materiell bedeutend aufgefrischt werden; trotzdem beurteilten die maßgebenden Kom-

[3] Gemäß M. Blumenson, Breakout and Pursuit, Washington 1961 (United States Army in World War II – The European Theater of Operations), S. 555 bzw. 557 ff.

[4] Zusammenstellung des Heeresarztes im OKH vom 14. 9. und 14. 12. 1944, zit. nach Jung, S. 42.

[5] Zit. nach Jung, S. 44.

mandeure auf deutscher Seite die Vorbereitungen und die Zuteilung von Reserven als unzureichend.
Bis zum 15. Dezember, dem Vorabend der Offensive, hatten sich im Schwergewichtsabschnitt 3 Armeen mit 7 Panzerdivisionen sowie 13 Infanterie-, Volksgrenadier- und Fallschirmjägerdivisionen bereitgestellt. An Heeresgruppen- und OKW-Reserven waren darüber hinaus noch 4 Volksgrenadier-, 2 Panzergrenadier-, 1 SS-Panzerdivision und 1 SS-Gebirgsdivision sowie 2 Brigaden vorgesehen; an Panzern und Sturmgeschützen kamen etwa 1800 Fahrzeuge zum Einsatz[6].
Diese Neuaufstellungen und Ersatzzuführungen konnten nur auf Kosten der übrigen Landfronten erfolgen. Die Auswirkungen auf die Ostfront soll ein späterer Abschnitt der Studie aufzeigen.

2. Die Südwest- und Südostfront

Die von Generalfeldmarschall Kesselring geführte Heeresgruppe C (10., 14. Armee) konnte sich nach dem Verlust von Rom (4. Juni) und Florenz (4. August) im großen und ganzen in der Apennin-Stellung (»Goten-Linie«) behaupten. Einige Versuche der Alliierten, den Gebirgszug im Herbst 1944 zu überschreiten und in die Po-Ebene vorzustoßen, waren nach geringfügigen Geländegewinnen gescheitert.
Nach dem Abzug erheblicher Kräfte zugunsten der Invasionstruppen in Südfrankreich, wo am 15. August die Landung an der Küste der Provence stattfand, war die 15. alliierte Heeresgruppe (amerikanische 5., englische 8. Armee) zu einem entscheidenden Angriff nicht mehr in der Lage. Im Dezember 1944 verlief die Front von La Spezia am Ligurischen Meer über den Apeninn in den Raum um Ravenna. Daneben mußte die Heeresgruppe C auch die Alpenfront gegenüber Frankreich verteidigen und die italienischen Partisanen im eigenen Hinterland bekämpfen. Die Gefahr für die deutsche Heeresgruppe lag darin, daß ein eventueller operativ entscheidender Durchbruch der Alliierten nicht mehr durch eine großräumige Ausweich- und Absetzbewegung

6 Ebd., S. 137 f.

aufgefangen werden konnte, da die geringe Tiefe des Hinterlandes eine solche Kampfführung nicht mehr zuließ. Auch mußte ein mögliches Ausweichen auf den Südrand der Alpen mit dem damit verbundenen Verlust Oberitaliens weitreichende politische Folgen nach sich ziehen.

Die Heeresgruppe C verfügte am 26. November 1944 über 31 Divisions- beziehungsweise Brigadeverbände[7]. Die auf den ersten Blick imposant erscheinende numerische Stärke der Heeresgruppe darf jedoch nicht über die geringe Gefechtsstärke der eingesetzten Kampftruppen hinwegtäuschen, die nur 150 999 Mann betrug[8]. Eine weitere Schwächung der Südwestfront zugunsten anderer Kriegsschauplätze war unter diesen Umständen nicht zu vertreten.

Im Südosten, das heißt auf dem Balkan, hatte die Heeresgruppe E unter der Führung von Generaloberst Löhr nach dem 3. Oktober eine weiträumige Absetzbewegung eingeleitet. Nach schweren Rückzugskämpfen mit griechischen und jugoslawischen Partisanen, in deren Verlauf am 19./20. Oktober Belgrad aufgegeben wurde, konnte die Heeresgruppe den Anschluß an die Heeresgruppe Süd der Ostfront herstellen und halten. Die unter dem Oberbefehlshaber Südost (Generalfeldmarschall Frhr. v. Weichs) zusammengefaßte Heeresgruppe E und die 2. Panzerarmee deckten Anfang Dezember in einem weitgespannten Bogen den Raum zwischen der Adria bei Split und dem Plattensee in Ungarn. Die Heeresgruppe E mußte sich heftiger Angriffe der Tito-Partisanen im Raum Sarajewo – Visegrad – Mostar erwehren, da eine Zurücknahme der deutschen Kräfte in Bosnien aus politischen Gründen inopportun erschien.

Die Kräfte der Heeresgruppe E und der 2. Panzerarmee betrugen am 26. November (ohne Hinzurechnung der Truppen auf Kreta und in der Ägäis)[9] insgesamt 30 Divisions-, Brigadebeziehungsweise Regimentsverbände, die zum Teil aus nichtdeutschen Freiwilligen bestanden. Sie konnten nur solange für die Verteidigung ihrer Frontabschnitte ausreichen, wie sie nicht im Zentrum einer sowjetischen Großoffensive standen. Ein

7 Kriegstagebuch des Oberkommandos der Wehrmacht (Wehrmachtführungsstab) 1940–1945, Bd IV, 2. Halbband, eingeleitet und erläutert von P. E. Schramm, Frankfurt/M. 1961, S. 1892, zit. KTB OKW IV/2.

8 Jung, S. 29.

9 KTB OKW IV/2, S. 1893.

Abzug von Kräften war auch hier kaum zu vertreten, zumal die labile Lage auf dem Südflügel der Ostfront im ungarischen Raum eine weitere Schwächung als sehr bedenklich erscheinen ließ.

3. Der östliche Kriegsschauplatz (Skizze 1)

Die etwa 2500 km lange Ostfront mußte im Sommer und Herbst 1944 eine Reihe von Niederlagen und Verluste hinnehmen, die weit über die von Stalingrad 1942/43 hinausgingen.
Zwischen dem 22. und 24. Juni erfolgten als *erster Schlag* massierte sowjetische Angriffe gegen die Front der Heeresgruppe Mitte zwischen Vitebsk und Bobruisk, die innerhalb von zwei Wochen völlig zusammenbrach. Nach dem Fall von Minsk am 3. Juli strebten die sowjetischen Panzerspitzen in die Tiefe des weißrussischen Raumes und bedrohten die Grenzen Ostpreußens und Polens. Die Masse der 4. und 9. Armee war im Zuge der sowjetischen Umfassung eingeschlossen worden; am 8. Juli kapitulierten die Reste des bis zuletzt um den Ausbruch kämpfenden XII. Armeekorps. Insgesamt verlor die Heeresgruppe Mitte in der Schlacht um Weißrußland 28 Divisionen mit zirka 350 000 Mann[10], die nie mehr ersetzt werden konnten.
Die seit dem 28. Juni von Generalfeldmarschall Model geführte Heeresgruppe konnte nur unter äußerster Anspannung und unter Zuführung von Reserven aus weniger bedrohten Frontabschnitten den sowjetischen Vormarsch verlangsamen. Erst ab dem 20. Juli stabilisierte sich die Front teilweise in der allgemeinen Linie Kovno – Njemen-Abschnitt – Grodno – östlich von Białystok – Brest-Litovsk. In weiterer Folge konnte die sowjetische Offensive im August an der Weichsel-Narew-Linie zum Stehen gebracht werden.
Der Zusammenbruch der Heeresgruppe Mitte war nicht nur auf eine deutliche Unterlegenheit auf deutscher Seite zurückzuführen

10 H. Gackenholz, Der Zusammenbruch der Heeresgruppe Mitte 1944, in: Entscheidungsschlachten des zweiten Weltkrieges, hrsg. von H.-A. Jacobsen und J. Rohwer, Frankfurt/M. 1960, S. 445–478, hier S. 474.

(41 Divisionen, 739 Panzer und 553 Batterien standen gegen 166 Divisionen und 9 Brigaden mit über 5200 Panzern sowie 31 000 Geschützen und Granatwerfern auf sowjetischer Seite)[11]; Anteil an der deutschen Niederlage hatten auch die Fehleinschätzungen der Abteilung »Fremde Heere Ost« im Generalstab des Heeres. Diese hatte nämlich aufgrund der Massierung starker sowjetischer Angriffskräfte vor der Front der Heeresgruppe Nordukraine bei Abschluß der Winteroffensive im April 1944 eine Fortsetzung des Angriffes in den Sommermonaten in Richtung Südpolen und auf die mittlere Weichsel erwartet. Aus diesem Grunde war die Mehrzahl der verfügbaren Panzer- und Panzergrenadierdivisionen hinter dem vermeintlich bedrohten Abschnitt zusammengezogen worden; so verfügten die beiden Heeresgruppen Nord- beziehungsweise Südukraine im Frühsommer 1944 über 18 schnelle Verbände[12]. Erst nach dem für das OKH unerwarteten Zusammenbruch der Heeresgruppe Mitte trat eine Änderung in der Feindlagebeurteilung ein[13].

Die Fehlprognose der Abteilung »Fremde Heere Ost« soll im vorliegenden Zusammenhang keineswegs Gegenstand zeitgeschichtlicher Kritik sein; sie soll lediglich als gedanklicher Ansatzpunkt für die spätere Beurteilung der Feindlage vor der Front der Heeresgruppe A im Winter 1944/45 dienen.

Als *zweiten Schlag* mußte die deutsche Ostfront im Sommer 1944 die sowjetische Offensive gegen die bereits durch Abgaben geschwächte Heeresgruppe Nordukraine hinnehmen. Am 13. Juli begann der Angriff gegen die 1. und 4. Panzerarmee, der besonders in der Mitte und auf dem Nordflügel der Heeresgruppe zu entscheidenden Durchbrüchen führte. Am 22. Juli war der San im Raum von Jarosław erreicht, während Teilkräfte der 1. Weißrussischen Front aus dem Raum von Kovel gegen die tiefe rechte Flanke der zur Heeresgruppe Mitte gehörenden 2. Armee in Richtung Brest-Litovsk vorstießen.

11 Dazu H.-H. Wilhelm, Die Prognosen der Abteilung Fremde Heere Ost 1942–1945, in: Zwei Legenden aus dem Dritten Reich, Stuttgart 1974 (= Schriftenreihe der Vierteljahrshefte für Zeitgeschichte, Nr. 28), S. 7–75, hier S. 31, zit. Wilhelm; Geschichte des Großen Vaterländischen Krieges der Sowjetunion, Bd 4, hrsg. vom Institut für Marxismus-Leninismus beim Zentralkomitee der KPdSU, Berlin (Ost) 1965, S. 168.

12 A. Philippi und F. Heim, Der Feldzug gegen Sowjetrußland 1941–1945. Ein operativer Überblick, Stuttgart 1962, S. 246, zit. Philippi/Heim.

13 Dazu Wilhelm, S. 59–63.

Solcherart sah sich die 4. Panzerarmee, die mit vorderen Teilen noch am Bug stand, an beiden Flanken umfaßt, als die 1. und 4. Ukrainische Front bereits gegen die obere und mittlere Weichsel sowie gegen die Nordhänge der Beskiden vorstießen. Noch gelang es der 1. Panzerarmee und der ungarischen 1. Armee, die Nordhänge der Beskiden zu halten; aber die Spitzen der 1. Ukrainischen Front gewannen am 29. Juli die Weichsel bei Baranów, bildeten hierauf einen ausgedehnten Brückenkopf auf dem Nordufer des Flusses und drohten, den gesamten Weichselabschnitt von Süden her aufzurollen. Nur der in letzter Stunde geglückte Übergang der 4. Panzerarmee auf das westliche Weichselufer konnte einen völligen Zusammenbruch der Heeresgruppe verhindern.

Das Oberkommando der Heeresgruppe Nordukraine, deren Führung inzwischen Generaloberst Harpe übernommen hatte, entschloß sich zum Gegenangriff. Während das zwischen der Weichsel und den Karpaten neu eingesetzte AOK 17 mit der 24. Panzerdivision den sowjetischen Angriff erfolgreich verzögerte, wurde am 10. August das III. Panzerkorps mit drei schnellen Divisionen gegen die Flanke der nach Norden eindrehenden sowjetischen Verbände eingesetzt. Zusammen mit dem XXXXVIII. Panzer- und dem XXXXII. Armeekorps gelang es, bis Anfang September den sowjetischen Brückenkopf beträchtlich einzuengen[14]. Bis zum Beginn der sowjetischen Winteroffensive im Januar 1945 blieb der Frontverlauf in diesem Abschnitt unverändert.

Auch im Bereich der Heeresgruppe Mitte im Raum um Warschau und östlich der Grenzen Ostpreußens erzielten die deutschen Verbände, die durch Reserven und Neuaufstellungen verstärkt worden waren, Abwehrerfolge. Die bis an das Dreieck zwischen Weichsel und Bug östlich von Warschau vorgestoßenen sowjetischen Angriffsspitzen konnten von vier deutschen Panzerdivisionen Anfang August erfolgreich abgefangen werden. Demgegenüber gelang der 1. Weißrussischen Front zwischen dem 27. Juli und dem 4. August die Bildung von zwei kleineren

14 F. W. v. Mellenthin, Panzerschlachten. Eine Studie über den Einsatz von Panzerverbänden im zweiten Weltkrieg, Neckargemünd 1963 (= Die Wehrmacht im Kampf, Bd 36), S. 248 ff.; Philippi/Heim, S. 253; außerdem: Rolf O. G. Stoves, 1. Panzer-Division 1935–1945, Bad Nauheim 1961, S. 638–645.

Brückenköpfen über die Weichsel bei Warka–Magnuszew und bei Puławy. Die aus dem Warka-Brückenkopf heraus angreifende 8. Gardearmee konnte schließlich im letzten Augustdrittel durch den Gegenangriff der 19. Panzerdivision zurückgeschlagen werden; auch hier gelang nur die Einengung, nicht aber die gänzliche Beseitigung der beiden Brückenköpfe, ein Umstand, der der späteren Heeresgruppe A noch große Sorgen bereiten sollte.
Auf dem Nordflügel der Heeresgruppe Mitte zielte die 3. Panzerarmee durch ihren Angriff vom 16. August auf die Wiederherstellung der Ende Juli verlorengegangenen Landverbindung zur Heeresgruppe Nord ab. Der unter dem Oberbefehl von Generaloberst Reinhardt kämpfenden Heeresgruppe gelang am 20. August nur die Öffnung eines schmalen Korridors bei Tukkum an der Bucht von Riga; die Lage der Heeresgruppe Nord blieb aber äußerst prekär, da ihr aufgrund der exponierten Linienführung jederzeit eine neue Einkreisung drohte[15].
Die *dritte sowjetische Großoffensive* begann am 20. August und richtete sich gegen die Front der Heeresgruppe Südukraine in Rumänien. Das konzentrische Zusammenwirken der 2. und 3. Ukrainischen Front führte zur raschen Einschließung der 6. Armee mit 16 Divisionen sowie der rumänischen 3. Armee, die beide in kürzester Frist der Auflösung entgegengingen. Der am 24. August genehmigte Rückzug führte die geretteten Reste der 6. und 8. Armee über die Karpaten in die ungarische Tiefebene, wo unter dem Oberkommando der Heeresgruppe Süd die beiden deutschen zusammen mit zwei ungarischen Armeen in beweglicher Kampfführung den sowjetischen Vormarsch verzögerten.
Nach der empfindlichen Schwächung der sowjetischen Angriffsspitzen in der 1. und 2. Panzerschlacht von Debrecen im Oktober konnte die Front schließlich Ende November in der Linie westlich von Mohács – Donau-Abschnitt – Brückenkopf Budapest – Hatvan – Eger – Tokaj – östlich von Kaschau vorübergehend stabilisiert werden[16]. Trotz der relativen Beruhigung der Frontlage war nicht zu übersehen, daß die schwache Besetzung des

15 Zum Vergleich: Abwehrkämpfe am Nordflügel der Ostfront 1944–1945, Stuttgart 1963 (= Beiträge zur Militär- und Kriegsgeschichte, hrsg. vom Militärgeschichtlichen Forschungsamt, Bd 5), S. 103, zit. Abwehrkämpfe.
16 Dazu Philippi/Heim, S. 261 ff.

Donau-Abschnittes südlich von Budapest und der weit vorspringende Frontbogen in der Slowakei ernsthafte Gefahrenherde darstellten.
Zusammenfassend ist über die Lageentwicklung an der Ostfront zu bemerken, daß die Kampfhandlungen im ungarischen Großraum im Herbst 1944 unvermindert ihren Fortgang nahmen, während an den Abschnitten der Heeresgruppen Nord, Mitte und Nordukraine (später A) Anfang September eine gewisse Beruhigung eintrat. Erst der am 14. September beginnende sowjetische Großangriff gegen die Heeresgruppe Nord zwang die Heeresgruppe zum Rückzug auf den »Brückenkopf Riga«. Trotz des Drängens des mit der Wahrnehmung der Geschäfte des Generalstabschefs betrauten Generalobersten Guderian wurde eine weitere Frontverkürzung in Richtung Ostpreußen auf Weisung Hitlers nicht vorgenommen[17].
Am 5. Oktober setzte ein neuerlicher Angriff der 1. und 2. Baltischen Front im Raum von Schaulen ein, der die Heeresgruppen Nord und Mitte endgültig voneinander trennte und zur Einschließung Memels führte. Die Heeresgruppe Nord blieb in der Folge auf den sogenannten »Kurland-Brückenkopf« beschränkt, was in den nächsten Monaten oftmals zu harten Auseinandersetzungen zwischen Hitler und dem Generalstab Anlaß gab.
Einen weiteren Gebietsverlust mußte die Heeresgruppe Mitte zwischen dem 16. und 28. Oktober im Raum von Gumbinnen-Goldap hinnehmen, wo den Russen der erste Einbruch in Ostpreußen gelang. Trotz rasch eingeleiteter Gegenangriffe konnte die ursprüngliche Frontlinie bis Anfang November nicht mehr zurückgewonnen werden[18].
Im Hohen Norden mußte die 20. Gebirgsarmee nach dem Ausscheiden Finnlands aus dem Bündnis mit Deutschland am 4. September einen beschwerlichen Rückzug einleiten. Unter der Führung von Generaloberst Rendulic konnten sich die drei Armeekorps (XXXVI. Armeekorps, XVIII., XIX. Gebirgskorps) bis

17 H. Guderian, Erinnerungen eines Soldaten, Neckargemünd 1960, S. 320, 322, zit. Guderian.

18 Vgl. F. Hoßbach, Aus den Kämpfen der 4. deutschen Armee um Ostpreußen in der Zeit vom 15. 8. 1944 bis 28. 1. 1945, in: ASMZ, 1950, S. 138–148, S. 278–286, S. 351–363, zit. Hoßbach, Aus den Kämpfen der 4. deutschen Armee.

Anfang November aus der sowjetisch-finnischen Umklammerung befreien und den Rückmarsch nach Norwegen antreten.
Mit diesen Ausführungen soll in groben Zügen die Lage des deutschen Ostheeres im Sommer und Herbst 1944 veranschaulicht werden. Dies schien notwendig, um nicht nur die außergewöhnlichen Verluste (allein 28 Divisionen bei der Heeresgruppe Mitte) und Raumeinbußen, sondern auch die auf den ersten Blick beachtliche Festigung der deutschen Front zwischen Ostsee und Karpaten im Oktober 1944 vor Augen zu führen. Nicht zuletzt trug diese Festigung dazu bei, die Hoffnungen auf eine endgültige Stabilisierung der Ostfront und auf ein baldiges Erlahmen der sowjetischen Angriffskraft wieder zu beleben[19].
Dieses psychologisch interessante Moment soll im folgenden im Auge behalten werden, da es dem Wunschdenken Hitlers entgegenkam und ihm den Anlaß bot – wie noch auszuführen sein wird –, die letzten mobilen Reserven zugunsten der geplanten Westoffensive einzusetzen.

4. Zur strategischen Planung des OKW im Herbst 1944

Die strategische Konzeption der Obersten deutschen Führung im Herbst 1944 hatte einerseits von den katastrophalen Niederlagen des vergangenen Sommers und andererseits von dem noch verbliebenen Menschen- und Rüstungspotential auszugehen. Daneben war der durch den Abfall wichtiger Verbündeter, wie z. B. Finnland und Rumänien, bedingte außenpolitische Gewichtsverlust ebenso einzukalkulieren wie die zunehmend skeptischer werdende Stimmung innerhalb der eigenen Bevölkerung.
Der außenpolitische Spielraum war sehr stark verengt. Die Forderung der Gegner nach »bedingungsloser Kapitulation« verminderte die bestehenden Anknüpfungspunkte für Friedensverhandlungen. Hitler nahm diesen Umstand zum Anlaß, um von sich aus unter Hinweis auf die Chancenlosigkeit von Friedensverhandlungen solche gar nicht in die Wege zu leiten[20]. Der

19 Abwehrkämpfe, S. 277 ff.
20 Vgl. D. Irving, Hitler und seine Feldherren, Frankfurt/M.–Berlin–Wien 1975, S. 640, zit. Irving.

vielleicht markanteste Verfechter der Aufnahme von Friedensfühlern war Goebbels, der nach dem Scheitern der deutsch-sowjetischen Verhandlungen im Januar 1944 in Stockholm im April 1944 eine Denkschrift ausarbeitete, worin er in vorsichtigen Formulierungen den Verlust des Krieges als mehr oder minder unabwendbares Ereignis voraussagte; gleichzeitig regte er die Wiederaufnahme von diplomatischen Kontakten mit der Sowjetunion an, da seiner Ansicht nach mit den Westmächten noch weniger zu einem Kompromißabkommen zu gelangen sei[21].

Obwohl der Zeitpunkt für die Aufnahme von Verhandlungen mit Sowjetrußland über einen Kompromiß- und Verzichtfrieden im Frühjahr 1944 noch relativ günstig gewesen wäre, ging Hitler auf diese Anregung nicht ein. Dabei spielte eine Reihe von Gründen eine Rolle, z. T. mit dem Tenor, Deutschland brauche zunächst einen sichtbaren militärischen Erfolg, um wieder internationale Anerkennung zu gewinnen; nur aus einer solchen Position der Stärke heraus glaubte Hitler, mit Aussicht auf Erfolg in Verhandlungen eintreten zu können.

Ähnliche Anregungen zur Aufnahme von Friedensverhandlungen mit der Sowjetunion waren schon im Herbst 1943 von Ribbentrop ausgegangen, während der Leiter des SS-Hauptamtes, SS-Obergruppenführer Gottlob Berger, seinen Vorgesetzten Heinrich Himmler Ende September 1944 zu einem Schritt in Richtung auf einen Sonderfrieden mit Moskau zu bewegen versuchte[22]. Trotz aller Zurückhaltung war Hitler jedoch dem Gedanken eines Verhandlungsfriedens mit der Sowjetunion – zumindest zeitweise – nicht gänzlich abgeneigt, was seine Äußerungen am 16. September 1944 anläßlich der Lagebesprechung im Führerhauptquartier belegen[23]. Die Quellenlage läßt jedoch keinen gültigen Schluß zu, ob die von Moskau via Stockholm ausgestreckten Fühler, auf die sich Hitler anläßlich der genannten Lagebesprechung bezog, ernst gemeint waren; jedenfalls verliefen auch diese schwachen Kontakte im Sande.

Angesichts der geringen außenpolitischen Aktivität der deutschen Reichsregierung in der zweiten Kriegshälfte und angesichts der immer noch vorhandenen, wenn auch verzweifelten Hoffnung

21 Jung, S. 91.
22 Zit. nach Jung, S. 93/94.
23 KTB Jodl vom 16. 9. 1944 (zit. nach Jung, S. 95).

Hitlers, das Kriegsglück werde sich doch noch wenden lassen, traf ein Wort von Goebbels zu, das er bereits im Juli 1943 zu Papier gebracht hatte: »Wir treiben zu viel Kriegführung und zu wenig Politik[24].«

Möglichkeiten zur politischen Beendigung des Krieges beziehungsweise zu einem Kompromißfrieden bestanden nach Meinung Hitlers nur mehr nach einem rasch zustande kommenden Zerwürfnis der Allianzpartner; darauf gründeten sich in der Folgezeit die größten Hoffnungen des Diktators[25]. Alle Indizien und dementsprechenden Interpretationen der Ereignisse, die den Schatten eines solchen Zerwürfnisses bereits vorauszuwerfen schienen, waren dazu angetan, die Illusionen Hitlers und einiger seiner engsten Mitarbeiter zu nähren. Der strategische Plan, den er im Dezember 1944 ausführte, beruhte auf der sicherlich nicht ganz unbegründeten Erwartung, daß eine entscheidende militärische Niederlage der Westalliierten die Differenzen zwischen Ost und West vertiefen würden, noch dazu, wenn die von den Westmächten wahrscheinlich gewünschte Entlastungsoffensive der Roten Armee ausblieb oder ihr strategisches Ziel nicht erreichte.

Hitler argumentierte weiter, daß die angestrebte Vernichtung möglichst starker Kräfte der Anglo-Amerikaner an der Westfront die sowjetische Führung kaum geneigt machen dürfte, zur Entlastung der Westalliierten eine Großoffensive an der Ostfront zu eröffnen und damit die »Kastanien aus dem Feuer zu holen«[26]. Mit den nach einem Erfolg an der Westfront freiwerdenden Verbänden könne nach Herstellung eines Kräftegleichgewichtes die Ostfront verstärkt werden, um der zu erwartenden Winteroffensive der sowjetischen Truppen entgegenzutreten. Die am 19. August 1944 erstmals gedanklich konzipierte Offensive im Westen[27] sollte damit eine militärische *und* politische Änderung der Gesamtlage zu deutschen Gunsten erzwingen.

24 J. Goebbels, Tagebücher, Zürich 1948, Eintragung vom 28. 7. 1943.
25 KTB OKW IV/1, S. 62 ff.
26 Die Gesamtargumentation Hitlers ist am besten zu verfolgen in seiner Ansprache an die höheren Kommandeure der Angriffsverbände vor dem Beginn der Ardennen-Offensive am 11. und 12. 12. (s. W. Warlimont, Im Hauptquartier der deutschen Wehrmacht 1939–1945. Grundlagen, Formen, Gestalten, Frankfurt/M.–Bonn 1964, S. 518–521, zit. Warlimont).
27 Ebd., S. 487; Jung, S. 101.

An dieser Stelle seien einige Bemerkungen zur Beurteilung der Personal- und Rüstungslage Deutschlands im Spätsommer und Herbst 1944 eingefügt. Spätestens nach der gelungenen Invasion in der Normandie und nach dem Zusammenbruch der Heeresgruppe Mitte beziehungsweise der Heeresgruppe Südukraine mußte es den Verantwortlichen klar geworden sein, daß aufgrund des Mehrfrontenkrieges, der enormen Menschen- und Materialverluste, der feindlichen Luftüberlegenheit sowie der angespannten Rüstungslage die Niederlage Deutschlands im Grunde genommen schon besiegelt war, wenn auch der Zeitpunkt der Kapitulation noch nicht feststand[28]. Allein schon aus der Entwicklung der Rüstungslage konnte man den Schluß ableiten, daß der endgültige Zusammenbruch nur mehr eine Frage der Zeit sei. Auf dem Treibstoffsektor war der Ausstoß der Hydrierwerke an Flugbenzin von 180 000 Tonnen im März auf 5 300 Tonnen im September 1944 gesunken; die Erzeugung des Kraftfahrzeugbenzins sank im gleichen Zeitraum von 134 000 Tonnen auf 48 000 Tonnen[29]. Die Wagengestellung der Reichsbahn fiel von Juli bis Dezember 1944 von 136 000 auf 87 000 Waggons, was zu einem Großteil auf die den Eisenbahnverkehr lähmenden Luftangriffe der Alliierten zurückzuführen war. Wenn noch im Juli 1944 nach den Berechnungen des Planungsamtes im Rüstungsministerium die Rüstungsendfertigung einer Indexziffer von 322 entsprach, so fiel diese Ziffer bis zum Dezember auf 263[30].

Ein besonders beachtenswertes Beispiel für die Rüstungsleistung trotz vielfältiger Friktionen bietet der Ausstoß an Jagdflugzeugen, der von 1104 im Februar auf 3375 im September 1944 gesteigert werden konnte, jedoch bis zum Dezember 1944 auf 2630 Maschinen abfiel[31]. Auch die Zahl der in der Wirtschaft Beschäftigten sank von 30,6 Millionen Personen im August auf 30,2 Millionen im November 1944. Dieser Rückgang hatte seine wichtigsten Ursachen in den Bevölkerungsverschiebungen sowie

28 KTB OKW IV/1, S. 28/29.

29 R. Wagenführ, Die deutsche Industrie im Kriege 1939–1945, Berlin 1954, S. 110.

30 Ebd., S. 66; s. auch A. Speer, Erinnerungen, Frankfurt/M.–Berlin–Wien 1969 (Ullstein-Taschenbuch Nr. 3026), S. 225, S. 402, zit. Speer.

31 Webster/Frankland, The Strategic Air Offensive against Germany 1939–1945, Bd III, Teil V, London 1961, S. 495; vgl. Speer, S. 415 und 578.

im letzten Ausschöpfen von Wehrfähigen, wobei Goebbels, der am 25. Juli 1944 zum »Reichsbevollmächtigten für den totalen Kriegseinsatz« ernannt worden war, im Zeitraum August bis Oktober ca. 500 000 Mann aus der Wirtschaft für den Fronteinsatz freimachen konnte[32].

Schon aus diesen Zahlen ist die »Zwickmühle« des personellen Engpasses zwischen den Forderungen der Wehrmacht und denen der Rüstungsindustrie abzulesen: Ein »Auskämmen« der Wirtschaftsbetriebe konnte zwar die Personalverluste der Wehrmacht z. T. decken, mußte jedoch über kurz oder lang eine Produktionsverminderung zur Folge haben, die zu diesem Zeitpunkt weder durch Zwangsarbeiter noch durch den Einsatz von Kriegsgefangenen mehr wettgemacht werden konnte[33]. Die Denkschrift von Rüstungsminister Speer vom 15. Dezember 1944 unterstrich nochmals die Aussichtslosigkeit der Lage, wobei Speer hervorhob, daß nach dem zu erwartenden Verlust des oberschlesischen Industriegebietes die Weiterführung des Krieges vom Standpunkt der Wirtschaft aus nicht mehr möglich sein werde[34]. Die deutsche Rüstung, die paradoxerweise im Juli 1944 zum Zeitpunkt größter gegnerischer Erfolge ihren größten Ausstoß erreichte, war in der Folge nicht mehr in der Lage, einen grundlegenden Umschwung der Situation herbeizuführen.

Angesichts dieser Entwicklung bergen das Selbstverständnis und die psychologische Lage innerhalb des Wehrmachtführungsstabes und des Generalstabes des Heeres einige Widersprüche. Nachdem von seiten Hitlers mehrmals die Ansicht vertreten worden war, daß im Falle einer gelungenen Invasion der Alliierten in Westeuropa der Krieg für Deutschland praktisch verloren sei[35], klammerte er sich nach dem 6. Juni 1944 an die Hoffnung auf einen Zerfall der Feindkoalition, auf die Wirkung der »Wunderwaffen« beziehungsweise auf eine entscheidende Steigerung der Jagdflugzeugproduktion sowie auf eine erfolgreiche Gegenoffensive an der Westfront. Es bleibt nach wie vor ein erstaunliches psychologisches Phänomen, wie es Hitler gelang, die meisten Angehörigen seiner nächsten Umgebung, darunter besonders

32 Ch. Wilmot, Der Kampf um Europa, Frankfurt/M.–Berlin 1961, S. 557,
33 Zum Problem der Personalgestellung für Wehrmacht und Rüstung s. Speer, S. 405–407.
34 Jung, S. 63.
35 KTB OKW IV/1, S. 58 und 73.

Keitel und Jodl, wider deren besseres militärisches Wissen vom Sinn einer Fortsetzung des Krieges zu überzeugen oder zumindest deren im stillen gehegten Zweifel an der Richtigkeit des eingeschlagenen Weges zu unterdrücken[36]. Einerseits mochte der Gedanke, daß die Gegner Deutschlands keinen Unterschied zwischen dem Nationalsozialismus und dem deutschen Volke zu machen gedächten, zur Fortsetzung des Widerstandes angespornt haben, und andererseits dürfte nach den zur Verfügung stehenden Quellen noch immer ein starkes – rational schwer faßbares – Treueverhältnis der engsten Mitarbeiter zu Hitler bestanden haben[37]. Die Haltung Speers gegenüber Hitler in dieser Hinsicht sei als vielleicht wichtigstes Beispiel aus der nichtmilitärischen Umgebung des Diktators angeführt[38].

Etwas anders lag die Motivation bei Generaloberst Guderian, der seit dem 21. Juli die Geschäfte des Heeresgeneralstabschefs wahrnahm. Ausgehend von der Überzeugung, daß in einer Zeit höchster militärischer Bedrohung Diskussionen um Führungsgliederung und -stil des OKW nur zur Lähmung der Aktivität beitrügen, widmete er sich ganz seiner schwierigen fachlichen Aufgabe, die in der Stabilisierung der Ostfront bestand. Das Hervorheben der Vorrangigkeit des östlichen Kriegsschauplatzes gegenüber den anderen Fronten war ein Hauptanliegen Guderians, dem er bis zu seiner Abberufung am 28. März 1945 treu blieb. Man darf dabei nicht vergessen, daß Guderian, der selbst gebürtiger Westpreuße war, das Schicksal der deutschen Ostprovinzen im Falle eines sowjetischen Durchbruches voraussah und deshalb das Ringen an der Ostfront als unausweichlichen Existenzkampf betrachtete, dem alle anderen Kriegsschauplätze an Dringlichkeit nachzuordnen seien[39]. Daß unter solchen Umständen keine gemeinsame Aktion von Wehrmachtführungsstab und Heeresgeneralstab gegen eine Fortsetzung des Krieges zustande kam, liegt auf der Hand.

Die strategischen Planungen der deutschen Obersten Führung blieben in der Folgezeit überschattet vom grundsätzlichen Willen Hitlers, nach Herstellung eines starken örtlichen Schwergewichts an der Westfront wieder offensiv zu werden, während hingegen

36 Warlimont, S. 493/494.
37 Ebd., S. 449 und 494.
38 Speer, S. 479–488.
39 Warlimont, S. 495; s. auch Guderian, S. 346/347.

der Generalstabschef möglichst viele Kräfte zur Stärkung der Ostfront und seiner Kompetenz behalten wollte. Die weitere Darstellung wird zeigen, wie dem OKH schrittweise wertvolle Verbände zugunsten anderer Kriegsschauplätze entzogen wurden, die dann zur Verteidigung der Ostfront fehlten.

Der von Guderian veranlaßte Führerbefehl vom 27. Juli über die Wiederherstellung der Verteidigungsanlagen im Osten des Reiches bewirkte zunächst, daß mit der Durchführung des Befehls die zuständigen Gauleiter unter Assistenz der Wehrkreiskommandos beauftragt wurden[40]. Die Anlage beziehungsweise der Ausbau von Befestigungsanlagen, über die noch zu sprechen sein wird, war zwar ein wichtiger Faktor für die künftige Kampfführung im Osten, es hing jedoch viel davon ab, ob es gelang, ein tragbares Kräfteverhältnis zwischen Angreifern und Verteidigern herzustellen.

Die strategischen Überlegungen Hitlers, denen sich sein engster Berater im Wehrmachtführungsstab, Generaloberst Jodl, anschloß, wurden zunächst von der Überzeugung bestimmt, daß die Gesamtkriegslage nur mehr zwei Möglichkeiten bot: Entweder man verteilte die noch vorhandenen beziehungsweise die noch zu schaffenden operativen Reserven auf die bedrohtesten Frontabschnitte auf allen Kriegsschauplätzen und verharrte damit in der strategischen Verteidigung, oder man raffte alle verfügbaren Kräfte zu einer nochmaligen, entscheidungsuchenden Großoffensive zusammen. Die erste Lösung bot zwar die Möglichkeit, die »Festung Deutschland« eine gewisse Zeit hindurch noch zu verteidigen und durch Rochaden auf der »Inneren Linie« den gefährlichsten Feindangriffen entgegenzutreten, konnte jedoch nach menschlichem Ermessen keine Kriegswende mehr herbeiführen. Die zweite Lösung bedeutete zwar ein Hasardspiel, da sie bei einem Mißlingen des Angriffes die letzten operativen Reserven vergeudete beziehungsweise festlegte, gewährte jedoch im Falle des Gelingens einige nicht zu übersehende Vorteile, zu denen nicht als geringster die Chance zählte, freiwerdende Verbände der Ostfront zuzuführen, vorausgesetzt, daß diese dort rechtzeitig eintrafen[41].

40 Irving, S. 625.

41 Vgl. Warlimont, S. 505–521; Irving, S. 669–674; s. auch J. C. Fest, Hitler. Eine Biographie, Frankfurt–Berlin–Wien 1973, S. 981–983, zit. Fest.

Guderians Bedenken, die er in der Folgezeit mehrmals – auch Hitler gegenüber – zur Sprache brachte[42], bestanden darin, daß jede in den Westen verlegte Division den Osten schwäche oder zur Reservenbildung fehle und nach Auslösung der Westoffensive die sowjetische Führung diese Bindung deutscher Kräfte an der Westfront benutzen könne, um ihrerseits zum Großangriff anzutreten. Der ursprünglich in Aussicht genommene Zeitpunkt für die Westoffensive, nämlich das letzte Novemberdrittel, beinhaltete nach Ansicht des Generalstabschefs die Gefahr, daß die Rote Armee darangehen könnte, ihre Vorbereitungen kurzfristig abzuschließen, um anzugreifen. Diese Möglichkeit gewann immer mehr an Gewicht, je später der Zeitpunkt der deutschen Westoffensive in den Dezember hinein verlegt wurde. Etwa ab der zweiten Dezemberhälfte mußte man mit dauerhaftem Frosteinbruch in Polen und Ostpreußen rechnen, so daß durchaus günstige Bedingungen für die erwartete sowjetische Großoffensive vorlagen[43], denn das sowjetische Oberkommando hatte seine Winteroffensiven fast immer nach Frosteinbruch begonnen.
Nach ziemlich übereinstimmender Lagebeurteilung der Heeresgruppe A, der Heeresgruppe Mitte sowie des Generalstabes des Heeres waren die sowjetischen Angriffsvorbereitungen vor beiden Heeresgruppen bereits Ende November beziehungsweise Anfang Dezember so weit gediehen, daß man ständig mit der Eröffnung einer Offensive innerhalb weniger Tage rechnen mußte[44]. Manche Nachrichten nannten sogar den 20. Dezember exakt als Angriffstermin. Es konnte daher dem sowjetischen Oberkommando nur ins Konzept passen, wenn namhafte deutsche Kräfte bei einem großen Angriffsunternehmen an der Westfront über längere Zeit hindurch gebunden wurden; sie würden dann an der Ostfront überhaupt nicht – oder zumindest sehr verspätet und geschwächt – in Erscheinung treten[45].
Die sowjetische Führung konnte aber auch nach Beginn der deutschen Westoffensive abwarten und die Lageentwicklung in Westeuropa beobachten. Hatte die deutsche Offensive keinen durchschlagenden Erfolg und käme es zu einer Abnutzungsschlacht, so brauchte der sowjetische Generalstab eine rasche

42 Irving, S. 644.
43 S. dazu die Lagebeurteilung der HGr. Mitte in: Abwehrkämpfe, S. 280/281.
44 Irving, S. 671.
45 Guderian, S. 338.

Kräfteverlagerung an die Ostfront nicht unbedingt zu befürchten; gelang hingegen den deutschen Angriffsverbänden ein überraschender und entscheidender Erfolg, so hatte man zumindest Zeit für den Abschluß der eigenen Angriffsvorbereitungen, da auch in diesem Falle eine gewisse Zeitspanne bis zur Verlagerung freiwerdender deutscher Reserven an die Ostfront vergehen mußte; außerdem konnte auf jeden Fall mit einer Verzögerung der Transportbewegungen durch Luftangriffe und andere Verkehrsbehinderungen gerechnet werden[46]. Schließlich bot sich im ersten wie im zweiten Fall die Chance an, politischen Druck auf die Westalliierten auszuüben, um den Beginn beziehungsweise die Vorverlegung des sowjetischen Angriffs mit weitreichenden Konzessionen seitens der Westmächte zu verknüpfen.

Auch Generalmajor Gehlen unterstrich – wie noch zu berichten sein wird – in einer Stellungnahme vom 22. Dezember 1944 u. a. die Möglichkeit, daß die sowjetische Regierung aus ihrer geplanten Winteroffensive politisches Kapital gegenüber den Westmächten schlagen wolle. Die in der Fachliteratur mehrmals vorgebrachten Hinweise auf die angeblich von der Sowjetunion damals erhobenen politischen Forderungen als Gegenleistung für eine Entlastungsoffensive im Osten[47] sind ziemlich problematisch. Wenn auch diese Hinweise nicht ohne weiteres von der Hand zu weisen sind, so dürften sich diese mit hoher Wahrscheinlichkeit nur auf die Zeit des ersten Abschnitts der Ardennen-Offensive erstreckt haben, als die gelungene Überraschung zunächst bei den Alliierten einen Schock ausgelöst hatte. Als es den Briten und Amerikanern ab dem 24. Dezember gelungen war, den deutschen Angriffskeil zum Stehen zu bringen und eine Gegenoffensive einzuleiten, dürfte es den verantwortlichen Politikern in Ost und West klargeworden sein, daß die alliierten Truppen in der Lage sein würden, die deutsche Bedrohung aus eigener Kraft auszuschalten. Um die Jahreswende 1944/45 bestand demnach auf seiten der Westalliierten nur noch sehr geringe Veranlassung zu eventuellen politischen Konzessionen an die Adresse Moskaus.

[46] Wilhelm, S. 70 mit Fußnote 218.

[47] Irving, S. 677. Da die Quellenlage eine genaue Klärung dieser Frage nicht zuläßt, können die verschiedenen Hinweise nur zu weiterführenden Vermutungen verdichtet werden. Zum gesamten Fragenkomplex der sowjetischen Militärpolitik bzw. Außenpolitik im Herbst 1944 s. Wilhelm, S. 65 ff.

Daß die sowjetische Führung viel eher an einer gegenseitigen Schwächung des deutschen und anglo-amerikanischen Potentials in den Ardennen interessiert gewesen sein dürfte, wird durch andere Tatsachen in den Vordergrund der Betrachtung gerückt. Zunächst ließ Stalin den militärisch günstigsten Zeitpunkt für eine erfolgversprechende »Entlastungsoffensive« verstreichen, indem er den Angriffstermin für den ersten Abschnitt der Weichsel-Schlacht erst auf den 12. Januar festsetzte. Allem Anschein nach waren die sowjetischen Angriffsvorbereitungen in der zweiten Dezemberhälfte noch nicht völlig abgeschlossen. Dem sowjetischen Oberkommando lag es fern, sich auf irgendeine Improvisation einzulassen; Stalin mochte in Anbetracht des ihm sicher erscheinenden Sieges über Deutschland hauptsächlich an die politische Zukunft gedacht haben und lehnte daher ein militärisches Risiko ab. Schließlich konnte auch die Hoffnung Stalins auf eine Friedensbereitschaft Hitlers im Spiele gewesen sein, wie aus einigen Indizien hervorzugehen scheint[48]. Auf jeden Fall gab es in den Augen Stalins keine zwingenden Gründe, die ihn hätten veranlassen können, unmittelbar nach Beginn der Ardennen-Offensive einen entlastenden Großangriff an der Ostfront zu eröffnen.

Die deutsche Wehrmachtführung konnte zwar während der grundlegenden Planungen für die Westoffensive nicht alle möglichen politischen Kombinationen auf seiten der Gegner erwägen, sie baute jedoch vor allem auf die Hoffnung, daß ein überraschender und überwältigender militärischer Erfolg an der Westfront die Koalitionspartner in West und Ost sicherlich zu einem neuen politischen Kalkül bewegen werde. Es galt daher, das erhoffte Überraschungsmoment tunlichst auszunutzen, um durch die Änderung des militärischen Kräfteverhältnisses an der Westfront auch eine Änderung der politischen Szenerie zu bewirken.

Aus dem Dargestellten wird sichtbar, daß die Bedenken Guderians zwar prinzipiell galten, daß sie jedoch eine gewisse Relativierung erfuhren, die es unter bestimmten Voraussetzungen vertretbar erscheinen ließ, das Risiko der Ardennen-Offensive einzugehen. Die Problematik des Führungsentschlusses verlagerte sich demnach auf zwei Punkte: Erstens mußte ein ausreichendes

48 Irving, S. 677.

Minimum an Reserven im Osten auch während der Ardennen-Offensive belassen werden; zweitens mußte bei der Durchführung der Offensive der Leitgedanke beherrschend sein, daß im Falle eines Mißlingens der operativen Überraschung beziehungsweise im Falle eines Festlaufens der Operation diese unverzüglich einzustellen sei, um möglichst viele freiwerdende Verbände an die Ostfront zu überführen[49].
Zum ersten Punkt ist zu sagen, daß viele der wertvollen und kampferfahrenen Panzer- und Panzergrenadierverbände an der Ostfront im Herbst 1944 herausgezogen und in den Westen sowie nach Ungarn verlegt wurden. So erfolgte die Verlegung der Führer-Begleitbrigade und der Führer-Grenadierbrigade in den Westen, während die 3., die 6. und 8. Panzerdivision sowie die 3. SS-Panzerdivision »Totenkopf« und die 5. SS-Panzerdivision »Wiking« bis Ende Dezember auf den ungarischen Kriegsschauplatz transportiert wurden[50].
Trotz der energischen Proteste des Generalstabschefs und der beiden betroffenen Heeresgruppen, zuletzt am 25. Dezember, nahm Hitler die Schwächung der Ostfront zugunsten der Westfront und des ungarischen Kriegsschauplatzes in Kauf. Noch am 1. Januar 1945, als schon längst das Scheitern der Ardennen-Offensive feststand und der sowjetische Großangriff zwischen Ostsee und Karpaten jederzeit losbrechen konnte, trat das IV. SS-Panzerkorps auf Weisung Hitlers zum Entsatzangriff auf Budapest an!
Am Beispiel Budapests, das am 24. Dezember eingeschlossen worden war, zeigte sich, daß Hitler nicht gesonnen war, die für den Entsatzangriff notwendigen Kräfte den Angriffsarmeen im Westen zu entnehmen, obwohl die Ardennen-Offensive ihren »Kulminationspunkt« bereits überschritten hatte[51]. Hitler wollte die eben errungenen Erfolge im Westen nicht preisgeben und hegte immer noch die Hoffnung, die Front der Alliierten an anderer Stelle zum Einsturz zu bringen oder zumindest eine fühlbare Schwächung der gegnerischen Divisionen herbeizuführen. Die in der Nacht zum 1. Januar 1945 im Nordelsaß begonnene Operation »Nordwind« zeugte von dem geradezu ver-

49 S. dazu die abschließenden Betrachtungen bei Jung, S. 200/201.
50 Abwehrkämpfe, S. 281/282.
51 Guderian, S. 349.

zweifelten Bemühen Hitlers und Jodls, die einmal errungene Initiative auf keinen Fall aus der Hand zu geben[52], obwohl höchstens ein Teilerfolg, keineswegs jedoch eine tiefgreifende Wendung der Dinge mehr erreicht werden konnte.

Der zweite Punkt der Führungsproblematik, nämlich die rechtzeitige Verlegung namhafter Kräfte aus dem Westen an die Ostfront, stellte die strategische Kardinalfrage während dieses Kriegsabschnittes dar. Wenn man zunächst im Führerhauptquartier den Beginn der sowjetischen Großoffensive für die Zeit nach dem 1. Januar 1945 ansetzen zu dürfen glaubte[53], so blieb die Zeitspanne, in der sich Erfolg oder Mißerfolg der Ardennen-Offensive herausstellen sowie über den Abtransport der Reserven für die Ostfront entschieden werden mußte, äußerst kurz bemessen. Auf jeden Fall blieb ein großes Schwächemoment im Osten bestehen, was sich auch anläßlich der sowjetischen Offensive gegen die »Margarethen-Stellung« südwestlich von Budapest am 20. Dezember, die schließlich zur Einschließung der ungarischen Hauptstadt führte, deutlich zeigte.

Wenn man auch vielleicht den Entschluß zum Herausziehen der für den Osten bestimmten Divisionen des Westheeres rechtzeitig faßte, so mußte immer noch mit den bereits erwähnten Friktionen hinsichtlich der Transportleistung gerechnet werden. Schon aus diesem Grunde besaß das sowjetische Oberkommando, dem der Antransport namhafter Verstärkungen sicherlich nicht verborgen bleiben konnte, den Vorteil, seine Offensive noch *vor* dem Eintreffen dieser Verstärkungen zu beginnen. Ob es den Armeen der Ostfront in einem solchen Falle gelingen werde, dem sowjetischen Ansturm bis zum Eingreifen der eigenen Reserven standzuhalten, war ungewiß.

Hier zeigten sich die Unsicherheitsfaktoren und Imponderabilien, die der entscheidungsuchende Angriff im Westen für die strategische Planung mit sich brachte. Im Zusammenhang mit diesen Erörterungen sei kurz auf die Vorgeschichte der Ardennen-Offensive selbst eingegangen.

Die Diskussionen zwischen Hitler und dem Wehrmachtführungsstab einerseits und dem Chef des Generalstabes andererseits gingen nicht so sehr um die Frage der Notwendigkeit

52 Warlimont, S. 522.
53 Guderian, S. 336.

einer letzten offensiven Kraftanstrengung, sondern darum, in welchem Maße beziehungsweise wie lange eine Entblößung von Kräften an den übrigen Fronten während der geplanten Offensive im Westen hingenommen werden konnte. Eine Offensive an der Hauptfront im Osten oder in Ungarn als Alternative konnte zwar starke Teile der Roten Armee vernichten und u. U. erheblichen Raumgewinn erzielen beziehungsweise zu einer offensiven Frontbegradigung führen, eine militärische und politische Wende war jedoch von ihr nicht zu erwarten[54]. Auch an der Südwest- und Südostfront lagen die Chancen, einen Umschwung der Kriegslage herbeizuführen, nicht günstiger.

Anders lagen die Dinge an der Westfront, wo verschiedene Faktoren eher einen Erfolg zu versprechen schienen. Dazu zählten die hohen Menschen- und Materialverluste der amerikanischen 9. Armee im Frontbogen bei Aachen, der Mißerfolg Montgomerys im Rahmen des Luftlandeunternehmens bei Arnheim und Nimwegen am 17. September 1944, gewisse strategisch-operative Differenzen zwischen den amerikanischen und britischen Heerführern sowie Anzeichen von Unzufriedenheit im Lager der Westmächte über den unerwartet langsamen Fortgang der Operationen nach der siegreichen Invasionsschlacht des vergangenen Sommers. Die Westfront erhielt somit vom OKW den Vorrang in der strategischen Planung, was auch von Guderian, wenn auch unter Vorbringung einer Reihe von Vorbehalten, anerkannt wurde[55].

Die Genesis der Entschlußfassung und Planung hinsichtlich der Westoffensive geht, wie bereits erwähnt, auf den 19. August zurück, wenn auch anzunehmen ist, daß sich Hitler schon vor diesem Termin entsprechende Gedanken gemacht hat. Eine weiterführende Besprechung, an der auch Guderian teilnahm, fand am 16. September statt. Hitler gab seinen Entschluß bekannt, aus den Ardennen einen Großangriff in Richtung Antwerpen zu führen, der von ca. 30 Volksgrenadier- und Panzerdivisionen getragen werden sollte und der zum Ziel hatte, die Nahtstelle zwischen Briten und Amerikanern aufzureißen. Guderian nahm die Gelegenheit wahr, um sogleich seinen Protest gegen die befürchtete Schwächung der Ostfront zu äußern[56].

54 Ebd., S. 335 ff.; Jung, S. 103.
55 Guderian, S. 335/336.
 56 Jung, S. 102.

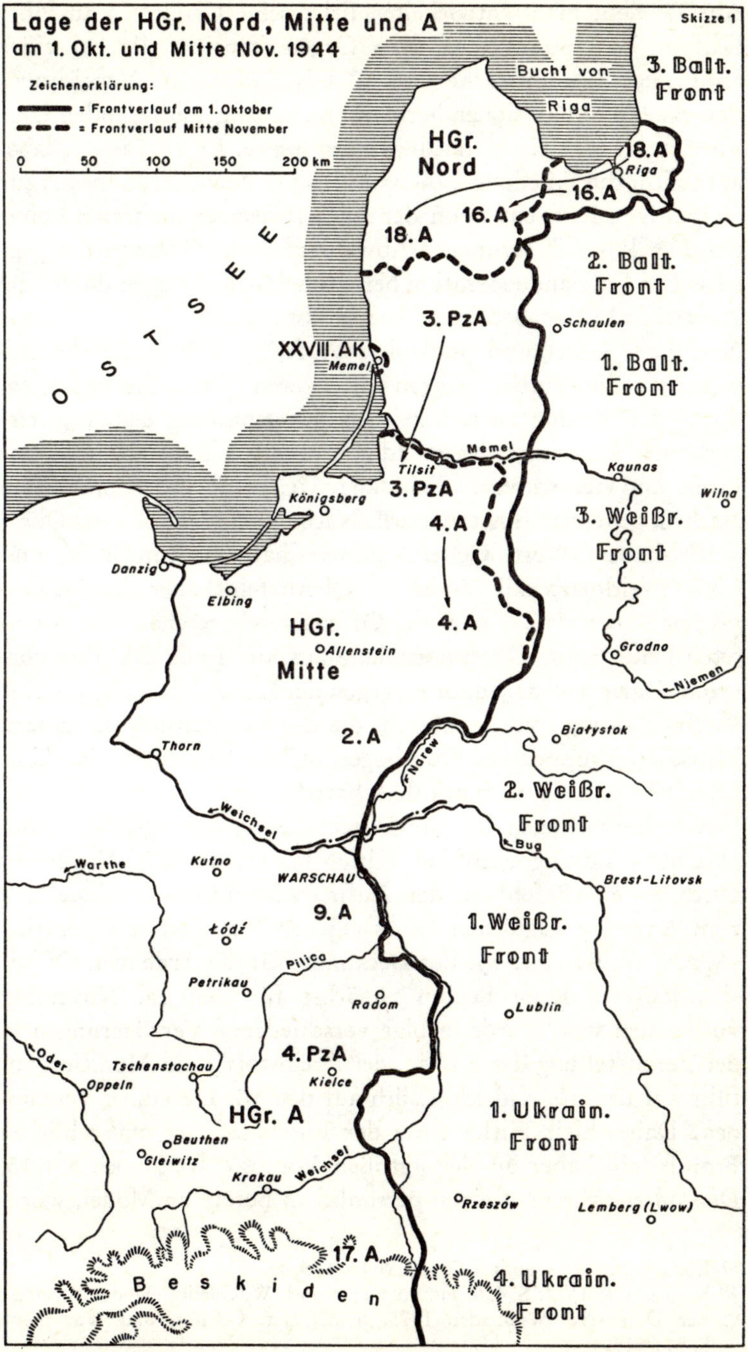
Lage der HGr. Nord, Mitte und A
am 1. Okt. und Mitte Nov. 1944
Skizze 1
Zeichenerklärung:
= Frontverlauf am 1. Oktober
= Frontverlauf Mitte November
0 50 100 150 200 km
Bucht von Riga
3. Balt. Front
HGr. Nord
18. A
Riga
16. A
16. A
18. A
O S T S E E
2. Balt. Front
3. PzA
Schaulen
XXVIII. AK
Memel
1. Balt. Front
Memel
Tilsit
Kaunas
3. PzA
Wilna
Königsberg
4. A
3. Weißr. Front
Danzig
Elbing
HGr. Mitte
Allenstein
4. A
Grodno
Njemen
Białystok
2. A
Thorn
Narew
2. Weißr. Front
Weichsel
Bug
Warthe
Kutno
WARSCHAU
Brest-Litovsk
9. A
Łódź
1. Weißr. Front
Pilica
Petrikau
Radom
Lublin
Oder
Tschenstochau
4. PzA
Kielce
Oppeln
HGr. A
1. Ukrain. Front
Beuthen
Gleiwitz
Krakau
Weichsel
Rzeszów
Lemberg (Lwow)
17. A
B e s k i d e n
4. Ukrain. Front

Am 25. September entwickelte Hitler seine Gedanken ausführlich; er hob hervor, daß eine Gegenoffensive, die bei einer feindlichen Gesamtstärke von 62 Divisionen eine Vernichtung von ca. 20–30 Divisionen herbeiführe, einen grundlegenden Umschwung an der Westfront bewirken müsse. Er verkannte dabei auch nicht die Friktionen, die vor allem in der Zeitspanne bis zur endgültigen Konzentration der Angriffsarmeen auftreten konnten. Der kürzlich errungene Abwehrerfolg im Rahmen der gegnerischen Luftlandeoperation bei Arnheim-Nimwegen dürfte die Zuversicht Hitlers bedeutend beeinflußt haben.

Nachdem Keitel und Jodl ihre Aufträge bekommen hatten, begannen die Vorbereitungen im engeren Sinne, die vor allem durch den Zwang zu rechtzeitiger Versammlung der Angriffsverbände angesichts des ständig zehrenden Kräftebedarfs der Front und der schweren Feindangriffe, insbesondere im Raum Aachen, gekennzeichnet waren[57]. Nach der Einweisung des Oberbefehlshabers West, Generalfeldmarschall v. Rundstedt, und Generalfeldmarschall Model als Oberbefehlshaber der Heeresgruppe B, die als Trägerin der Offensive vorgesehen war, arbeiteten beide Stäbe Operationspläne aus, die Ende Oktober vorlagen. Darin wurde jedoch entgegen der Konzeption Hitlers eine »kleine Lösung« vorgeschlagen, die die Vernichtung der amerikanischen Truppen im Frontbogen bei Aachen durch eine konzentrische Operation zum Inhalt hatte[58].

Das weitere Ringen um die Durchführung der »großen« oder »kleinen« Lösung entschied Hitler bereits am 10. November durch seinen »Befehl für den Aufmarsch und die Bereitstellung zum Angriff« zugunsten seines eigenen Planes. Die Operation »Wacht am Rhein«, wie der Deckname für die Ardennen-Offensive lautete, deren Beginn zunächst für den 25. November vorgesehen war, wurde infolge verschiedener Verzögerungen in der Bereitstellung der Kräfte, der Treibstoff- und Munitionszufuhr auf den 10. und schließlich auf den 16. Dezember verschoben. Dabei hielt Hitler trotz der Einwände der maßgeblichen Frontbefehlshaber an der »großen Lösung« fest; noch am 15. Dezember richtete er einen persönlichen Befehl an Model, worin

57 Ebd., S. 105 ff.; s. auch KTB OKW IV/1, S. 434 ff.

58 KTB OKW IV/1, S. 436, Fußnote 1; s. auch W. Görlitz, Model, Strategie der Defensive, Wiesbaden 1975, S. 223, zit. Görlitz, und Warlimont, S. 514/515.

er jedes gedankliche Abweichen in Richtung auf die »kleine Lösung« untersagte[59].

Wenn auch Model (ohne Reserven) über 20 Divisionen mit insgesamt fast 1800 Kampf- und Jagdpanzern beziehungsweise Sturmgeschützen verfügte – an Flugzeugen waren unter dem Befehl des Luftwaffen-Kommandos West 1794 Maschinen bereitgestellt worden –, so äußerten sich maßgebliche militärische Führer skeptisch über den Erfolg des Unternehmens[60]. In einer letzten großen Ansprache an sämtliche höhere an der Offensive beteiligten Offiziere am 11. und 12. Dezember im Hauptquartier »Adlerhorst« hatte Hitler nochmals seine bisherigen Argumente zugunsten der Offensive in Richtung Antwerpen beziehungsweise zur Notwendigkeit einer Offensive selbst vorgetragen. Diese mehrmals zitierte Ansprache[61] stellte eine Mischung aus Rechtfertigung, Ansporn und Zukunftsverheißung dar, wobei die Ausführungen in der Vision gipfelten, daß die Lage Deutschlands durch einen großen Erfolg an der Westfront grundlegend geändert werden könne: »Auf alle Fälle führen wir den Krieg nach wie vor in einer Position, die uns alle Chancen gibt, ihn durchzuhalten und durchzustehen, besonders unter einer Voraussetzung, daß wir die Gefahr hier im Westen beseitigen[62].«

Man muß bei der Analyse dieser Rede, die als ein Schlüssel für das Selbstverständnis des Diktators und für dessen strategische Lagebeurteilung in der letzten Kriegsphase gelten kann, von verschiedenen Voraussetzungen ausgehen. Zunächst sei bemerkt, daß es bei vordergründiger Betrachtung der einzelnen Passagen nur geringen Wert hat, die Ausführung Hitlers von der rhetorisch-propagandistischen Warte aus zu beurteilen; sicherlich war die Ansprache Hitlers auch von dem Wunsche getragen, die verantwortlichen Kommandeure und Befehlshaber aufzurütteln und zu einem letzten Krafteinsatz zu mobilisieren. Darüber hinaus läßt sich gerade durch die vielen ausholenden Betrachtungen und Nebenbemerkungen, die u. a. die Standhaftigkeit Friedrichs des Großen während des Siebenjährigen Krieges zum Gegenstand haben, ein Querschnitt durch die Vorstellungswelt

59 Görlitz, S. 225; Jung, S. 350.
60 Jung, S. 140/141.
61 S. z. B. Warlimont, S. 518–521.
62 Ebd., S. 520.

Hitlers kurz vor Kriegsende ziehen. Schließlich stellte Hitler kurz vor dem Ausspielen seiner letzten »Trumpfkarte« eine Retrospektive über den Kriegsverlauf, über die Wechselfälle des Krieges und über verpaßte Chancen an und erging sich in Betrachtungen über die Feindkoalition und die geistig-seelischen Anforderungen der gegenwärtigen Lage. Wenn man unterstellen darf, daß bei vielen Äußerungen der Wunsch der Vater des Gedankens war und daß Hitler aus psychologischen Gründen den versammelten Offizieren ein möglichst positives Bild der Lage vermitteln wollte, so liegt der Schluß nahe, daß Hitler seine Rede auch als Rechenschaftsbericht sich selbst gegenüber hielt[63]. Der Psychologe wird vielleicht auch zum Schluß kommen, daß der Wunsch nach autosuggestiver Beruhigung beziehungsweise Selbsttäuschung mitbestimmend gewesen sein mag.

Obwohl in der Fachliteratur eine eher negative Bewertung der Rede Hitlers vom 11. und 12. Dezember anzutreffen ist[64], so sollte doch berücksichtigt werden, daß die Persönlichkeit des Diktators gerade in der zweiten Kriegshälfte nicht nur einen Gegenstand historischer Forschung darstellt, sondern auch umfangreiche menschlich-psychologische Probleme aufwirft, die bis heute noch nicht völlig geklärt erscheinen.

Zusammenfassend sei festgehalten, daß unter sorgfältiger Berücksichtigung der die Lage bestimmenden Faktoren die letzte deutsche Großoffensive im Westen tatsächlich die einzige, wenn auch sehr riskante Lösung blieb, vielleicht eine Lageänderung zu deutschen Gunsten einzuleiten. Dabei darf nicht außer acht gelassen werden, daß Hitler instinktiv die Tatsache miteinkalkuliert haben dürfte, die Angst um das Schicksal der deutschen Ostprovinzen im Falle einer sowjetischen Besetzung werde die dort eingesetzten Truppen und die Bevölkerung zu einer übermenschlichen Anstrengung anspornen[65].

Das strategische Hauptanliegen des OKW mußte darin bestehen, nach Eröffnung der Westoffensive die Chancen für das Gelingen des Durchbruches anhand der erkannten Feindmaßnahmen abzuwägen, um rechtzeitig den Entschluß für eine Fortsetzung oder für das Einstellen des Angriffes bzw. für den Abtransport

63 Dazu die Erläuterungen bei Fest, S. 983.
64 Jung, S. 119.
65 Fest, S. 983.

der verfügbaren Reserven an die Ostfront fassen zu können. Das Erkennen des »Kulminationspunktes« der Offensive wurde somit zu einem Hauptproblem[66].

Daß die deutsche Oberste Führung den »Kulminationspunkt« nicht erkannte oder nicht erkennen wollte, steht heute unbestreitbar fest. Die Gründe dafür sind in der Fachliteratur ausführlich untersucht worden. Viel entscheidender hingegen ist die Tatsache, auf die noch zurückzukommen sein wird, daß Hitler und der Wehrmachtführungsstab keinen Abtransport von Verstärkungen an die Ostfront einleiteten, obwohl in Anbetracht des sowjetischen Aufmarsches an der Ostfront und der Einschließung Budapests die außerordentliche Bedrohung im Osten schwerlich zu übersehen war. Trotz der beschwörenden Bitten Guderians, der z. B. am 29. Dezember telephonisch verlangte, »alles nach dem Osten zu werfen«[67], konnte sich Hitler noch nicht zum Abbruch der Westoffensive durchringen.

66 Die Frage des rechtzeitigen Erkennens des »Kulminationspunktes« einer Offensive bedeutet ein militärisches Problem ersten Ranges. So spielte z. B. das Nichterkennen des »Kulminationspunktes« während der deutschen Herbstoffensive auf Moskau 1941 eine entscheidende Rolle für den Mißerfolg des Unternehmens »Barbarossa« (s. die Abhandlung des Verfassers »Der deutsche Angriff auf Sowjetrußland 1941«, in: ÖMZ, 1971, H. 3, S. 157–164, besonders S. 164).

67 KTB Jodl, Eintragung vom 29. 12. 1944 (zit. nach Jung, S. 182).

II. Die Kräfteverteilung an der Ostfront bis zur Jahreswende 1944/45

(Skizzen 1 und 2)

1. Die Heeresgruppen

Es war notwendig, nach dem Zusammenbruch der Heeresgruppe Mitte beschleunigt Kräfte besonders dem Raum zwischen Ostsee und Karpaten zuzuführen. Diese Verbände kamen vor allem aus den Abschnitten der Heeresgruppen Nord- und Südukraine. Als der sowjetische Angriff zu einem späteren Zeitpunkt auch dort voll einsetzte, konnte sich die Front in Ungarn erst verhältnismäßig spät wieder festigen; die Kämpfe um Budapest dauerten zum Beispiel bis zum Februar 1945 mit unterschiedlicher Intensität an. Die Kräfte für die Heeresgruppe Süd kamen zum Teil von der Heeresgruppe Mitte, zum Teil von der Heeresgruppe A sowie aus der OKH-Reserve wie zum Beispiel die wiederaufgestellte 13. Panzerdivision.
Die ursprünglich mit gepanzerten Verbänden hinreichend dotierte Heeresgruppe Mitte im ostpreußischen Raum wies Ende 1944 infolge des Abzuges wesentlicher Panzerreserven (unter anderem des IV. SS-Panzerkorps) eine bedenkliche Schwäche auf. Auch die Bindung von etwa 30 wertvollen Großverbänden der in Kurland isolierten Heeresgruppe Nord stellte eine weitere Zersplitterung der Gesamtstärke an der Ostfront dar, worüber noch zu berichten sein wird.
Im folgenden sei eine Gegenüberstellung der deutschen Verbände an der Ostfront vom 26. November und vom 31. Dezember 1944 angeführt:

26. November 1944[68]
Heeresgruppe Süd (nur deutsche Verbände):
17 Divisionen beziehungsweise Divisionskampfgruppen (davon 7 schnelle Verbände).

[68] KTB OKW IV/2, S. 1884–1888.

Heeresgruppe A:
insgesamt 34 Divisionen beziehungsweise Divisions-Kampfgruppen (davon 6 schnelle Verbände).
Heeresgruppe Mitte:
insgesamt 49 Divisionen beziehungsweise Brigaden und Kampfgruppen (davon 12 schnelle Verbände, inclusive 1 in Aufstellung befindlichen).
Heeresgruppe Nord (einschließlich Freiwilligenverbände):
32 Divisionen beziehungsweise Divisionskampfgruppen und Brigaden (davon 5 schnelle Verbände).

Zu den angeführten Verbänden ist zu bemerken, daß es sich hierbei nicht immer um Divisionen, sondern auch um »Divisionskampfgruppen« und Brigaden handelte, die über eine wesentlich geringere Kampfkraft verfügten; sie wurden jedoch der Einheitlichkeit und Vollständigkeit halber gemeinsam mit den Divisionen aufgezählt.

An der gesamten Ostfront zwischen dem Plattensee und der Ostseeküste in Kurland befanden sich demnach Ende November 1944 insgesamt 132 Großverbände. In dieser Zahl waren 30 schnelle Verbände[69] (davon einer in Aufstellung) enthalten, die über rund 1500 Panzer und Sturmgeschütze verfügten[70].

Die Kräftegliederung vom 31. Dezember 1944 sah wie folgt aus[71]:
Heeresgruppe Süd (nur deutsche Verbände):
31 Divisionen beziehungsweise Brigaden und Kampfgruppen (davon 11 schnelle Verbände).
Heeresgruppe A (ohne Ausbildungs- und ungarische Verbände):
25 Infanterie- beziehungsweise Volksgrenadierdivisionen (davon 1 in Zuführung)
4 Panzerdivisionen
1 Panzergrenadierdivision
1 Panzergrenadierdivisions-Kampfgruppe
1 Ski-Jägerdivision
2 Gebirgsdivisions-Kampfgruppen
3 Jägerdivisionen
1 Sicherungsdivision
2 Brigaden

insgesamt 40 Divisionen beziehungsweise Brigaden und Divisionskampfgruppen (davon 5½ schnelle Verbände).

69 Ebd. 70 Jung, S. 26. 71 Vgl. Anl. 3.

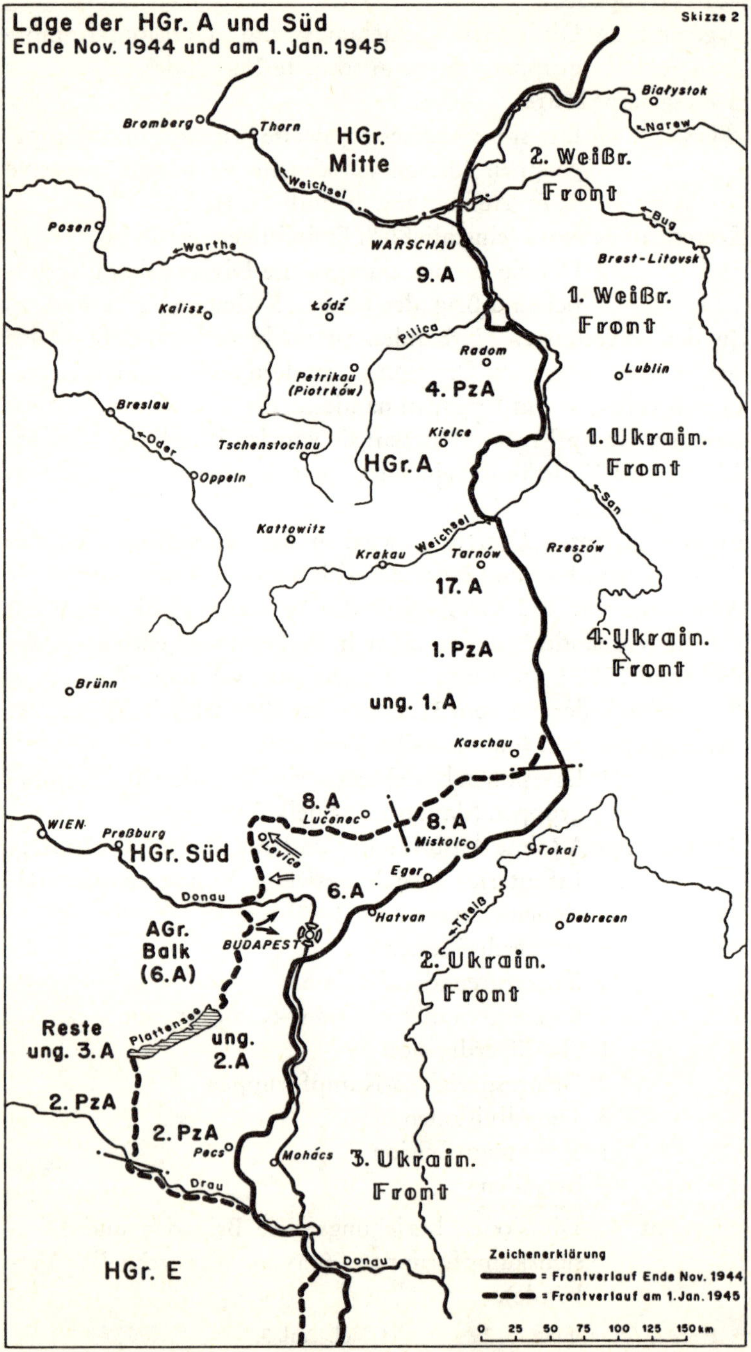

Lage der HGr. A und Süd
Ende Nov. 1944 und am 1. Jan. 1945
Skizze 2
Białystok
Narew
Bromberg
Thorn
HGr.
Mitte
2. Weißr.
Front
Weichsel
Bug
Posen
Warthe
WARSCHAU
Brest-Litovsk
9. A
1. Weißr.
Front
Kalisz
Łódź
Pilica
Radom
Lublin
Petrikau
(Piotrków)
4. PzA
Breslau
Kielce
1. Ukrain.
Front
Oder
Tschenstochau
HGr. A
Oppeln
San
Kattowitz
Weichsel
Krakau
Tarnów
Rzeszów
17. A
4. Ukrain.
Front
1. PzA
Brünn
ung. 1. A
Kaschau
8. A
Lučenec
8. A
WIEN
Preßburg
Miskolc
HGr. Süd
Levice
Tokaj
Eger
Donau
6. A
Hatvan
Theiß
Debrecen
AGr.
Balk
(6. A)
BUDAPEST
2. Ukrain.
Front
Reste
ung. 3. A
Plattensee
ung.
2. A
2. PzA
2. PzA
Pecs
Mohács
3. Ukrain.
Front
Drau
Zeichenerklärung
HGr. E
Donau
= Frontverlauf Ende Nov. 1944
= Frontverlauf am 1. Jan. 1945
0 25 50 75 100 125 150 km

Heeresgruppe Mitte:

	31	Infanterie- beziehungsweise Volksgrenadierdivisionen
	4	Panzerdivisionen
	3	Panzergrenadierdivisionen (davon 1 in Aufstellung, 1 in Umgliederung)
	2	Jägerdivisionen
	1	Sicherungsdivision
	1	Polizei-Kampfgruppe
insgesamt	42	Divisionen beziehungsweise Divisionskampfgruppen (davon 7 schnelle Divisionen, inclusive 1 in Aufstellung befindlichen).

Heeresgruppe Nord (einschließlich Freiwilligenverbände):

	32	Divisionen beziehungsweise Divisionskampfgruppen und Brigaden (davon 5 schnelle Verbände).

Die Summe der Divisionen, Divisionskampfgruppen und Brigaden Ende Dezember 1944 betrug somit 145. Es wäre jedoch ein Irrtum, anzunehmen, daß sich die Ostfront durch den nominellen Zuwachs von 13 Großverbänden gefestigt habe. Durch den sowjetischen Vormarsch in Ungarn und in der Slowakei im Dezember 1944 war eine beträchtliche Frontverlängerung entstanden, die besonders die Heeresgruppen A und Süd betraf.

So mußte die Heeresgruppe A ihre Front zum Schutze des slowakischen Territoriums auf etwa 700 km verlängern, um den Anschluß an die Heeresgruppe Süd aufrecht zu erhalten. Außerdem hatte das Oberkommando der Heeresgruppe A im November und Dezember 3 Divisionen (96. Infanterie-, 357. Volksgrenadier-, 8. Panzerdivision) an den südlichen Nachbarn abgeben müssen und dafür nur die 320. Volksgrenadierdivision zugeführt erhalten, während sich eine weitere Infanteriedivision (344.) erst im Antransport von der Westfront befand[72]. Die Unterstellung des ungarischen V. und des deutschen XVII. Armeekorps mit 2 Divisionskampfgruppen konnte die wesentliche Verlängerung der Front im Slowakischen Erzgebirge nicht wettmachen.

Nicht nur die kräftemäßig katastrophale Lage in Ungarn – Mitte November verfügte die Heeresgruppe Süd nur über 146

[72] S. Anl. 3 und Abwehrschlacht, S. 1.

Panzer und Sturmgeschütze –, sondern auch grundsätzliche politische und wirtschaftliche Überlegungen bewogen die deutsche Oberste Führung, die Heeresgruppen A und Mitte zugunsten der Heeresgruppe Süd zu schwächen. Der am 27. November eingeleitete Großangriff der 3. Ukrainischen Front aus dem Donaubrückenkopf bei Mohács führte bereits am 7. Dezember zur Gewinnung des Südufers des Plattensees und bereitete der deutschen 2. Panzerarmee eine empfindliche Niederlage, während der Nordflügel der 8. Armee am 2. Dezember die wichtige nordungarische Industriestadt Miskolc nach schweren Gefechten räumen mußte.

Nachdem es der 2. und 3. Ukrainischen Front Mitte Dezember gelungen war, eine zusammenhängende Front westlich der Donau zu bilden, veranlaßte Generaloberst Guderian als Gegenmaßnahme die Zuführung der 3. und 6. Panzerdivision sowie von drei aufgefüllten »Panther«-Abteilungen, die gemeinsam im Raum Stuhlweißenburg versammelt werden sollten, um gegebenenfalls eine deutsche Gegenoffensive vorzubereiten. Die sowjetischen Angriffserfolge nördlich der Donau in Richtung Hron-Abschnitt und die mit überlegenen Kräften am 20. Dezember begonnene Großoffensive zwischen Plattensee und Valencesee seitens der beiden sowjetischen Fronten vereitelten jedoch die deutschen Pläne. Die sowjetische Offensive erzwang nicht nur den Durchbruch durch die »Margarethenstellung«, sondern führte bis zum 25. Dezember zur völligen Einschließung Budapests.

Die hierbei deutscherseits erlittenen hohen Verluste sowie die verständliche Absicht, die rund 70 000 Mann umfassende Besatzung der »Festung Budapest« (ungarisches I. Armeekorps, IX. SS-Gebirgskorps) möglichst bald zu entsetzen, stellten einen weiteren Grund dafür dar, wesentliche Verstärkungen, und sei es auch unter Inkaufnahme eines erheblichen Risikos an anderen Frontabschnitten, nach Ungarn zu verlegen[73]. Vor diesem Hintergrund sind daher die Kräfteabgaben, insbesondere die der Heeresgruppe A, zu verstehen, wobei die Schwächung dieser Heeresgruppe besonders ins Gewicht fällt, da sie zu einer

73 Siehe dazu: P. Gosztony, Endkampf an der Donau 1944/45, Wien–München–Zürich 1969, S. 89–102; M. Fretter-Pico, Mißbrauchte Infanterie, Frankfurt/M. 1957, S. 141–143.

völligen Überdehnung der Frontabschnitte der Divisionen führte. Für wie wichtig dieser Raum aus kriegswirtschaftlichen und geographischen Gründen angesehen wurde, geht daraus hervor, daß nach dem Scheitern der Ardennen-Offensive die 6. (SS-) Panzerarmee im März 1945 dorthin verlegt wurde, der Verband, der die bedeutendste Kampfkraft in dieser Phase des Krieges darstellte[74].

Ein Vergleich der Kampfkraft der Heeresgruppe A vom 14. Juli 1944, das heißt unmittelbar nach Beginn der sowjetischen Sommeroffensive nördlich der Karpaten, und vom 1. Januar 1945 zeigt die Schwächung der Heeresgruppe deutlich; die Berechnung bezieht sich hierbei nur auf »reinrassige« Infanteriebataillone[75]:

14. Juli 1944: Frontlänge 610 km; Zahl der infanteristischen Kämpfer einschließlich der Reserven: 123 000 Mann, das heißt 200 Kämpfer pro km;

1. Januar 1945: Frontlänge 700 km; Zahl der infanteristischen Kämpfer einschließlich der Reserven: 93 075 Mann, das heißt 133 Kämpfer pro km.

Schon aus dieser Gegenüberstellung, die vom 3. Januar 1945 datiert, ist der eklatante Rückgang an infanteristischer Kampfkraft zu entnehmen. Die Relation der Kampfstärke betrug demnach zwischen den beiden genannten Zeitpunkten etwa 1,5:1.

Auch im Bereich der Heeresgruppe Mitte war um die Jahreswende 1944/45 eine starke Kräfteverminderung eingetreten. Zwar bot die Verschiebung der Heeresgruppengrenze an die Weichsellinie bei Modlin bei gleichzeitiger Unterstellung der 9. Armee unter die Heeresgruppe A Mitte November eine Beschränkung auf den ostpreußischen Raum, der Abzug an gepanzerten Reserven gab jedoch Anlaß zu großen Bedenken. Anfang Dezember hatte die Heeresgruppe noch über folgende

74 M. Rauchensteiner, Krieg in Österreich 1945, Wien 1970 (= Schriften des Heeresgeschichtlichen Museums in Wien [Militärwissenschaftliches Institut] Bd 5), S. 22.

75 OKH/GenStdH/Abt. Fremde Heere Ost, Notiz vom 3. 1. 1945: Gegenüberstellung der Kampfkraft HGr. A, 14. 7. 44 und 1. 1. 45, in: BA-MA, H 3/196, siehe Anlage 5! Eine andere Quelle gibt für Ende Dezember 1944 die Zahl der infanteristischen Kämpfer bei der HGr. A mit 137 pro km an, wodurch jedoch keine gravierende Abweichung entsteht (Abwehrschlacht, Fußnote auf S. 1).

schnellen Verbände verfügt[76]: 3., 5., 6., 7., 20. Panzerdivision, SS-Panzerdivision »Totenkopf«, SS-Panzerdivision »Wiking«, 1. Fallschirm-Panzerdivision »HG«, Panzergrenadierdivision »Großdeutschland« (in Umgliederung), 18. Panzergrenadierdivision (in Neuaufstellung), Führer-Grenadierbrigade.

Von diesen 11 Divisionen beziehungsweise Brigaden wurden bis Anfang Januar 1945 insgesamt 5 Verbände nach Ungarn und an die Westfront abgezogen. Die noch verbliebenen 6 Panzer- und Panzergrenadierdivisionen, von denen sich 1 in Neuaufstellung und 1 in Umgliederung befand, konnten nach Beurteilung des Oberkommandos der Heeresgruppe kaum in der Lage sein, entscheidende gegnerische Durchbrüche aufzufangen[77].

Anfang Januar 1945 standen der Heeresgruppe an operativ wirksamen, gepanzerten Kräften gar nur 3 Panzerdivisionen zur Verfügung (5., 7., 20. Panzerdivision). Die zugesagte Zuführung der Reste der 24. Panzerdivision aus Ungarn konnte allenfalls eine Aushilfe, keineswegs jedoch eine Verstärkung sein[78]. Nachdem die Heeresgruppe gemäß Befehl vom 4. Januar 1945 auch die 20. Panzerdivision abgeben mußte, besaß sie nur mehr 2 aufgefrischte und einsatzbereite gepanzerte Verbände[79]. Obwohl gleichzeitig verschiedene Aushilfsmaßnahmen, wie zum Beispiel Neuaufstellungen, Umgliederungen und Auffrischungen, ergriffen wurden, mußte die Ausstattung an operativen Reserven bei der Heeresgruppe Mitte Anfang Januar 1945 als sehr dürftig bezeichnet werden. Dieser kräftemäßige Zustand bezüglich der Reserven ist im Auge zu behalten, da er auf die Beurteilung der Lage durch das OKH beziehungsweise durch das Oberkommando der Heeresgruppe A von Bedeutung sein wird[80].

Bei der Heeresgruppe Nord in Kurland fällt die relativ starke Ausstattung an Kampfverbänden, namentlich an schnellen Truppen (5 Divisionen und Brigaden), im Vergleich mit der kräftemäßigen Dotierung der übrigen Ostfront auf. Da jedoch der Heeresgruppe Nord ein reiner Fesselungsauftrag gegeben

76 Die Schlacht um Ostpreußen im Januar 1945 bis zum Beginn des Ausbruchsversuchs am Abend des 26. 1. 1945, bearbeitet durch Generalleutnant Heidkämper, Oktober 1953 (BA-MA, RH 19 II/336), S. 5 f., zit. Heidkämper.

77 Ebd., S. 7 ff.

78 Dazu: Abwehrkämpfe, S. 281–283.

79 Heidkämper, S. 7.

80 Vgl. Anl. 2.

worden war, erhob sich in der deutschen Führungsspitze im Spätherbst 1944 die Streitfrage, ob die Heeresgruppe für diesen Fesselungsauftrag nicht über Gebühr mit Kräften versehen sei.
Zusammenfassend kann zur Dislozierung der deutschen Divisionen festgestellt werden, daß um die Jahreswende 1944/45 eine beträchtliche Verstärkung der Heeresgruppe Süd auf Kosten der Heeresgruppen Mitte und A stattfand, während die deutschen Verbände in Kurland in exponierter Stellung verharren mußten und damit keine unmittelbare Entlastung der Hauptfront zwischen Ostpreußen und dem Großen Weichselbogen bringen konnten.

2. Verluste und Ersatzzuführungen

Die Verluste der vier deutschen Heerestruppen im Zeitraum von Juli bis November 1944 ergaben eine Zahl von 112 792 Toten, 524 378 Vermißten und 533 857 Verwundeten[81], wobei etwa 700 000 Mann als unwiederbringlicher Verlust anzusehen waren (von der Anzahl der Verwundeten konnten erfahrungsgemäß 15 Prozent als »unwiederbringlicher« Verlust berechnet werden). Die Gesamtverluste an der Ostfront (ohne Eismeer-Front) hatten sich damit seit dem 22. Juni 1941 bis zum Jahresende 1944 auf über 5,4 Millionen Mann erhöht[82], wenn auch ein Großteil der Verwundeten wieder felddiensttauglich wurde.
Bis zum 1. November 1944 betrugen nach Berechnungen des Generalquartiermeisters im OKH die Verluste des Ostheeres seit dem 22. Juni 1941 bereits 5 290 746 Mann[83]; der Generalquar-

[81] Zit. nach Jung, S. 26.
[82] Der Heeresarzt im Oberkommando des Heeres/GenStdH/GenQu (IIb) vom 4. 1. 1945: Personelle blutige Verluste des Feldheeres vom 22. Juni 1941 bis 31. Dezember 1944 (abgedruckt bei Jung, S. 286 f.).
[83] Der Heeresarzt im Oberkommando des Heeres/GenStdH/GenQ (IIb): Personelle blutige Verluste des Feldheeres. Berichtigte Meldung für die Zeit vom 1. 6. 1944 bis 10. 1. 1945 (abgedruckt bei Jung, S. 280 f.).
Vergleicht man diese Angaben mit den Berechnungsergebnissen innerhalb der einzelnen Kriegsschauplätze bzw. Heeresgruppen, ergeben sich Differenzen. So gab z. B. das OKW den Gesamtverlust der Wehrmacht vom Kriegsbeginn bis Ende 1944 mit 5 021 286 Mann an, was mit den Zahlen des Generalquartiermeisters im Widerspruch steht; die Verlustangaben des OKW lagen im allgemeinen beträchtlich unter denen des OKH (s. dazu Wilhelm, S. 23 ff.).

tiermeister gab allein für das Feldheer den Gesamtverlust vom Kriegsbeginn bis Ende 1944 mit 6 861 878 Mann an[84]. Bei den Gesamtverlusten an der Ostfront (ohne 20. Gebirgsarmee) sind besonders die hohen Einbußen während der Sommermonate hervorzuheben[85]:

Juli 1944:	400 436 Mann
August 1944:	374 677 Mann
September 1944:	121 024 Mann.

Nach Angaben der Abteilung Fremde Heere Ost im OKH vom 1. Januar 1945 ging die Gesamtstärke des Ostheeres vom 1. Juni bis zum 1. November 1944 von 2 620 000 auf 1 840 000 Mann zurück[86]; das bedeutete eine Quote von ca. 1,4:1. Die durchschnittlichen Monatsverluste betrugen nach Berechnungen des Generalquartiermeisters in der zweiten Jahreshälfte 1944 beim Ostheer 198 986 Mann, davon 20 567 Gefallene[87]. Diese wenigen Zahlenangaben sollen verdeutlichen, unter welchem Kräfteschwund die vier Heeresgruppen der Ostfront seit den Niederlagen des Sommers 1944 zu leiden hatten.

Angesichts dieser beängstigenden Verlustquote war es verständlich, daß die Hoffnungen der Truppenführung nunmehr auf der Reichsregierung beziehungsweise auf dem OKW ruhten, von dem allein eine Mobilisierung der letzten Reserven erwartet wurde. Von der Fronttruppe selbst konnte man sich unter diesen Vorzeichen nur mehr allfällige Improvisationen versprechen.

Das Gewicht der bisher erlittenen Einbußen wird noch gravierender, wenn man sich das Verhältnis der Verluste zu den Ersatzzuführungen vergegenwärtigt. Nach einer Aufstellung der Abteilung Fremde Heere Ost vom 29. November 1944 hatte die Ersatzzuführung an die Ostfront im Januar 1944 noch 151 000 Mann betragen, während sie im Oktober auf 91 000 Mann

84 Wilhelm, S. 33 (OKH/GenStdH/GenQu/Abt. 3 Nr. 20/45 g.Kdos. vom 6. 2. 1945 – Anlage 1, BA-MA, H 4/35).

85 S. Fußnote 83. – Zu diesen Angaben ist zu bemerken, daß sie mit denen der Org.Abt. im OKH vom 2. 11. 1944 (abgedruckt bei Jung, S. 27, Fußnote 15) im Widerspruch stehen. Im vorliegenden Fall wurde den statistischen Angaben des GenQu der Vorzug gegeben.

86 GenStdH/Fremde Heere Ost Nr. 190/44 g.Kdos. Chefs. vom 1. 1. 1945 (zit. nach Jung, S. 27, Fußnote 14).

87 Wilhelm, S. 33, Fußnote 98; zur Problematik der Verlustberechnungen s. ebd., S. 23 ff.

zurückging[88]. Demgegenüber konnte nach Berechnungen derselben Abteilung die sowjetische Seite für Januar 1944 Ersatzzuführungen im Ausmaß von rund 600 000 Mann und im Oktober in der Höhe von etwa 615 000 Mann verzeichnen[89]. Im Hinblick auf die rapide Verschlechterung der Ersatzlage auf deutscher Seite mußte die leichte Erhöhung an Zuführungen bei der Roten Armee noch stärker ins Gewicht fallen.
Zieht man den Zeitraum vom 1. Januar 1944 bis zum 31. Oktober 1944 als Vergleichszeitraum heran, so ergeben sich folgende Relationen an Verlusten bzw. Ersatzzuführungen auf deutscher und sowjetischer Seite[90]:

Verluste:

	Deutschland	*Sowjetunion*	
Gefallen:	220 203 Mann	1 214 643 Mann	(Schätzung)
Vermißt (Gefangen):	535 244 Mann	130 997 Mann	
Verwundet:	941 308 Mann	5 129 185 Mann	(Schätzung)
Insgesamt:	1 696 755 Mann	6 474 825 Mann	

Verhältnis der deutschen und sowjetischen Verluste: 1:4.
Ersatzzuführungen:
Deutschland: 967 000 Mann; *Sowjetunion:* 5 977 000 Mann (Schätzung).
Verhältnis der deutschen und sowjetischen Ersatzzuführungen: 1:6.
Diese Ersatzzuführungen deckten auf deutscher Seite 57 Prozent der Verluste, während die Rote Armee damit 92 Prozent ihrer Verluste wettmachen konnte! Wenn auch das Verlustverhältnis von 1:4 zugunsten der deutschen Seite die hohen Einbußen der Roten Armee im Zuge ihres Vormarsches nach Mitteleuropa widerspiegelte, so darf nicht vergessen werden, daß die Zahlenangaben bezüglich der Gefallenen und Verwundeten aufgrund von kaum nachprüfbaren Zählungen bzw. Schätzungen durch

88 OKH/GenStdH/Abt. Fremde Heere Ost (IIa) vom 29. 11. 1944: Gegenüberstellung der deutschen und russischen Ersatzzuführungen an die deutsche Ostfront (Januar–Oktober 1944), in: BA-MA, III H 402/3.
89 Ebd. Die Angaben beruhen auf Berechnungen der Abt. Fremde Heere Ost, die im einzelnen nicht zu verifizieren sind. Bezüglich des sowjetischen Menschenpotentials s. Wilhelm, S. 32.
90 Ebd.

die eigene Truppe zustande kamen[91]. Gerade bei den als verwundet gemeldeten sowjetischen Soldaten mußte mit einer sehr hohen Quote an Wiedergenesenen, Felddiensttauglichen gerechnet werden, so daß man schwerlich das Verlustverhältnis von 1:4 aufrecht erhalten kann.

Was die Ersatzzuführungen betrifft, so ist das Verhältnis von 1:6 zugunsten der sowjetischen Seite hervorzuheben. Dabei soll nicht außer acht gelassen werden, daß die Rote Armee nach ihrem zügigen Vormarsch 1944 Weißrußland, die westliche Ukraine und fast das gesamte Baltikum zurückgewonnen hatte; diese Gebiete standen nunmehr für die Rekrutierung von Reserven und Ersatzeinheiten zur Verfügung. Durch das Zurückgreifen auf das Menschenreservoir der »Wiedergewonnenen«, der ehemaligen Kriegsgefangenen und Ostarbeiter konnte eine zusätzliche wichtige Ergänzungsbasis erschlossen werden, wenn auch die politische Zuverlässigkeit der baltischen Völker, der Polen und Westukrainer Anlaß zur Besorgnis gab[92].

Eine Gegenüberstellung der deutschen und sowjetischen Kräfte am 1. Januar und 1. Oktober 1944 soll das bisher Gesagte unterstreichen[93]:

1. Januar 1944:

Deutschland: 2 528 000 Mann Sowjetunion: 5 570 000 Mann	Differenz: 3 042 000 Mann

1. Oktober 1944:

Deutschland: 1 833 000 Mann Sowjetunion: 5 320 000 Mann	Differenz: 3 487 000 Mann

Bei aller Vorsicht gegenüber diesen Zahlen kann aus der Zunahme der Kräftedifferenz zwischen den beiden angeführten Zeitpunkten der relative Zuwachs an Kampfkraft für die Rote Armee abgelesen werden. Bestand noch am 1. Januar ein Kräfteverhältnis von 1:2,2 zugunsten der Sowjetunion, so betrug dieses am 1. Oktober 1944 bereits 1:2,9 an der gesamten Ostfront[94].

91 Wilhelm, S. 21 ff.

92 OKH/GenStdH/Abt. Fremde Heere Ost, Nr. 45/45 g.Kdos. Chefs. vom 25. 2. 1945: Beurteilung der Feindlage vor deutscher Ostfront im großen – Stand 25. 2. 45, in: BA-MA, H 3/196, S. 6.

93 OKH/GenStdH/Abt. Fremde Heere Ost (IIa) vom 29. 11. 1944: Gegenüberstellung der Iststärke des deutschen Ostheeres und des sowjetischen Heeres an der Europafront (1. 1. 44–1. 10. 44), in: BA-MA, III H 402/3.

94 Ebd.

Dieses für das deutsche Ostheer sehr ungünstige Kräfteverhältnis nimmt noch schärfere Formen an, wenn man die Verteidigungsabschnitte der Heeresgruppen Mitte und A heranzieht. Nach Berechnungen der Operationsabteilung im Generalstab des Heeres hatten die beiden genannten Heeresgruppen seit dem Beginn der sowjetischen Sommeroffensive bis zum 8. Oktober 1944 etwa die Hälfte ihrer Kampfkraft eingebüßt[95]. Nur drei schnelle Divisionen standen zu diesem Zeitpunkt als Reserven zur Verfügung. Die Notiz gipfelt in den alarmierenden Worten: »Der Schwerpunkt unserer Kriegführung muß daher eindeutig im Osten liegen!«

3. Die vermutete Stärke der Roten Armee

Im vorliegenden Zusammenhang muß nachdrücklich der Legende vom erhofften Versiegen des sowjetischen Kräftepotentials im Zuge der Kriegsdauer widersprochen werden. Das Klarlegen dieses Faktums ist deswegen unumgänglich, da bis zum Januar 1945 das sowjetische Angriffspotential gegenüber den Heeresgruppen A und Mitte bedeutend unterschätzt worden war. Trotz den Bemühungen der Abteilung Fremde Heere Ost war es nicht gelungen, das überwältigende Ausmaß des sowjetischen Aufmarsches zwischen Ostsee und Karpaten befriedigend zu ermitteln. Diese Unterschätzung sollte nicht zuletzt zum unerwartet schnellen Zusammenbruch der Heeresgruppe A beitragen. Ob allerdings bei hinreichender Kenntnis des Gegners die deutsche Abwehr zu wirksamen Gegenmaßnahmen imstande gewesen wäre, liegt jenseits der historischen Fragestellung.

Die Fehleinschätzung der sowjetischen Ressourcen begann bereits vor Feldzugsbeginn 1941 und dauerte den ganzen Kriegsverlauf hindurch an. Da auf Einzelheiten nicht eingegangen werden soll[96], sei nur auf die Feindbeurteilung Gehlens vom Juni 1942 hingewiesen. Gehlen nahm aufgrund einer Mobilisierungsquote

95 OKH/GenStdH/Op.Abt. Ia, Anlagen zum KTB, Bd 3, Notiz vom 8.10. 1944, in: BA-MA, III H 402/3.

96 Der Verfasser hat sich mit diesem Problem in seiner Dissertation »Der deutsche Angriff auf Sowjetrußland 1941« (Universität Wien, 1969) ausführlich auseinandergesetzt.

von etwa 10 Prozent der Einwohnerzahl etwa 19 Millionen Wehrpflichtige (von etwa 190 Millionen sowjetischen Bürgern) an[97]; nach Abzug der Untauglichen, der in der Kriegswirtschaft Eingesetzten und sonstiger Abgänge wurde die Zahl von 17 Millionen Felddiensttauglichen ermittelt. Nun gab aber Gehlen im gleichen Atemzuge die Zahl der Gesamtausfälle bis zum 1. Mai 1942 mit 7,53 Millionen Mann an, so daß demnach die Sowjetunion nur mehr über rund 9,5 Millionen Wehrdiensttaugliche hätte verfügen können[98].

Diese Zahlen berücksichtigen jedoch zu wenig die hohen Reserven an Wehrtauglichen, die noch in der sowjetischen Wirtschaft vorhanden waren, sowie die schwer zu ermittelnden Quoten an wiedergenesenen Frontdiensttauglichen; auch die Möglichkeiten des gesteigerten Arbeitseinsatzes für Frauen, um dadurch Wehrpflichtige aus dem Bereich der Industrie freizumachen, finden keine entsprechende Berücksichtigung.

Nimmt man weiterhin die Zahl von 17 Millionen Tauglichen als Grundansatz für 1942, so durfte – ohne Einbeziehung des jährlichen Kontingents an Diensttauglichen – die Rote Armee am 1. November 1944 nicht mehr existent sein: Mit diesem Datum gab nämlich die Abteilung Fremde Heere Ost die sowjetischen Gesamtverluste mit 5,7 Millionen Gefangenen und 12 Millionen Gefallenen und Invaliden, also zusammen mit 17,7 Millionen Mann, an[99]!

Sicherlich spielte die Höhe des jährlichen Einberufungskontingents eine wichtige Rolle, die in den eben angeführten Zahlen nicht enthalten war; die Zahl der Gefangenen konnte zwar relativ einfach ermittelt werden, während hingegen bei der Feststellung der Gefallenen, Verwundeten und Invaliden erhebliche Lücken auftauchten, so daß aus diesen Fehlerquellen leicht falsche Hinweise auf die tatsächlich vorhandene sowjetische Frontstärke entstehen konnten. Wenn auch Gehlen zeitweise vor der noch ungebrochenen Kampfkraft des Gegners gewarnt hatte, so mochte doch seine Prognose über die Entwicklung der sowjetischen Stärke für das 2. Halbjahr 1944 den Eindruck erwecken,

97 R. Gehlen, Der Dienst. Erinnerungen 1942–1971, München–Zürich 1973 (Knaur-Taschenbuch, Nr. 300), S. 20.

98 Dazu Wilhelm, S. 8, Fußnote 8.

99 Ebd., S. 32 (BA-MA, H 3/1082).

daß die Sowjetunion über kurz oder lang nicht mehr in der Lage sei, ihre bisherigen enormen Verluste zu ersetzen.

Betrug noch am 1. Juli 1944 die Ist-Stärke des sowjetischen Feldheeres 5,72 Millionen Mann, so fiel sie bis zum 1. Dezember auf 5,25 Millionen ab, um dann bis zum 1. Januar 1945 wieder leicht auf 5,32 Millionen anzusteigen[100]. Indem hierbei die sowjetischen Gesamtverluste für das 2. Halbjahr 1944 auf 3,955 Millionen (davon allein 3,862 Millionen an Toten und Verwundeten) beziffert wurden[101], so konnte sich der Eindruck von den unersetzlichen sowjetischen Personalverlusten noch verstärken. Andrerseits war die Abteilung Fremde Heere Ost – wie bereits erwähnt – zum Ergebnis gelangt, daß die Ersatzzuführung von Anfang 1944 an bis zum 1. Oktober insgesamt 92 Prozent der Verluste deckte und daß die Rote Armee zu diesem Zeitpunkt eine fast dreifache Überlegenheit über das deutsche Ostheer ausspielen konnte! Aus diesen Relationen ist also der Widerspruch zwischen der weiterhin bestehenden Überlegenheit der Roten Armee und der Hoffnung auf ein baldiges Versiegen der sowjetischen Personalreserven deutlich abzulesen.

Realistischer hingegen kommt die Kräfteberechnung im Hinblick auf die Gliederung der Roten Armee und die Anzahl ihrer Verbände zum Ausdruck. Nach einer Übersicht vom 25. Dezember 1944 standen folgende sowjetische Heereskörper und Großverbände vor der deutschen Front: 10 Fronten, 37 Armeen, 3 Panzerarmeen, 97 Schützen-, 3 Kavallerie- und 3 Panzerkorps sowie 5 mechanisierte Korps; in Reserve standen außerdem: 1 Front, 14 Armeen, 4 Panzerarmeen, 46 Schützen-, 4 Kavallerie- und 20 Panzerkorps sowie 4 mechanisierte Korps[102].

Interessant ist hierbei ein Vergleich mit den offiziellen sowjetischen Angaben[103]: Demnach sollen Anfang 1945 gegen-

100 OKH/GenStdH/Abt. Fremde Heere Ost, Nr. 45/45 g.Kdos. Chefs. vom 25. 2. 1945: Entwicklung der Iststärke des sowjetrussischen Feldheeres vom 1. 7. 44–1. 2. 45, in: BA-MA, H 3/196; s. auch Wilhelm, S. 34, Fußnote 102.

101 OKH/GenStdH/Abt. Fremde Heere Ost: Graphische Darstellung »Verluste und Ersatzzuführungen der Sowjetunion vom 1. 7. 44–31. 12. 44«, Entwurf zur Lagebeurteilung vom 19. 2. 1945, in: BA-MA, H 3/80.

102 S. Anl. 6.

103 Geschichte des Großen Vaterländischen Krieges der Sowjetunion, Bd 5, hrsg. vom Institut für Marxismus-Leninismus beim Zentralkomitee der KPdSU, Berlin (Ost) 1967, S. 35, zit. Geschichte, Bd 5.

über Deutschland insgesamt 55 Armeen, 6 Panzerarmeen sowie 35 Panzer- und mechanisierte Korps einsatzbereit gewesen sein. Der Personalbestand bei den Landstreitkräften (ohne Luftlandeverbände) betrug nach diesen Angaben 6 289 000 Mann, während die gesamte bewaffnete Macht über 7 109 000 Mann verfügte[104]. Zieht man die vom deutschen Generalstab für den 1. Januar 1945 angegebenen Stärkezahlen über das sowjetische Feldheer (5 320 000 Mann) heran, so ergibt sich demnach eine ungefähre Unterschätzung von etwa 1 Million Mann. Anders als bei den Gesamtstärke-Berechnungen ergeben jedoch die deutschen und sowjetischen Angaben über die Gliederung des sowjetrussischen Feldheeres eine ziemliche Annäherung.

Dieser Umstand kann noch durch eine weitere Aufschlüsselung belegt werden: Die Abteilung Fremde Heere Ost nahm für den 25. Dezember 1944 vor der Front des Armeeoberkommandos 20, der Ostfront und gegenüber dem Oberbefehlshaber Südost 484 Schützendivisionen sowie 38 Panzer- und mechanisierte Korps an[105]; nach sowjetischen Angaben standen Anfang Januar 488 Schützen-, Kavallerie- und Luftlandedivisionen sowie 35 Panzer- und mechanisierte Korps zur Verfügung[106], so daß nur unerhebliche Abweichungen gegenüber den deutschen Berechnungen existierten.

Diese etwas detaillierten Gegenüberstellungen erschienen notwendig, um die enorme Überlegenheit der Roten Armee in der letzten Kriegsphase darzulegen. Nach offiziellen sowjetischen Angaben sollen allein Anfang 1945 insgesamt 15 100 Panzer und Selbstfahrlafetten, 115 100 Geschütze und Granatwerfer sowie 15 815 Kampfflugzeuge vorhanden gewesen sein[107]. Demgegenüber vermutete die Abteilung Fremde Heere Ost am 8. Januar 1945 einen sowjetischen Panzerbestand von insgesamt nur 7200 Fahrzeugen[108].

Interessanterweise herrschten selbst im Generalstab des Heeres Meinungsverschiedenheiten über die monatliche Panzerproduk-

104 Ebd., S. 36.

105 OKH/GenStdH/Abt. Fremde Heere Ost: Sowjetrussische Schützendivisionen, schnelle Korps und selbständige Panzerverbände vor AOK 20, Ostfront und OB Südost (25. 12. 1944), in: BA-MA, H 3/80.

106 Geschichte, Bd 5, S. 35.

107 Ebd.

108 OKH/GenStdH/Abt. Fremde Heere Ost (I), Vortragsnotiz, 8. 1. 1945, in: BA-MA, H 3/196.

tion Sowjetrußlands. Während Gehlen am 2. August 1944 behauptete, die Sowjetunion produziere monatlich etwa 3000 Panzer, widersprach ihm der Generalstabschef, Generaloberst Guderian, mit dem Einwand, die sowjetische Panzerproduktion betrage mindestens 4000 bis 5000 Stück im Monat. Bis dahin hatte man nämlich weder die in Reparatur noch die in Zuführung befindlichen Panzer sowie die frontnahen Reserven an Ersatzpanzern miteinberechnet[109]. Erst Anfang Februar 1945 gelang es, eine Fehlerquelle in der Berechnung der Panzerstärke auszuschalten, indem man daran ging, die in Zuführung befindlichen Panzer zu berücksichtigen, die man in der Folge als feste Größe mit 2800 Stück annahm[110].

Ein exaktes Kräfteverhältnis in personeller und materieller Hinsicht ist infolge der zu weit differierenden Angaben kaum vorzulegen; es soll daher versucht werden, erst bei der Darstellung der unmittelbaren Angriffs- und Abwehrvorbereitungen zu einer möglichst genauen Analyse der Kräfterelationen zu kommen. Als vorläufiges Ergebnis ist festzuhalten, daß hinsichtlich der Gliederung der Roten Armee beim OKH im großen und ganzen Klarheit herrschte, daß jedoch die personelle und insbesondere die materielle Stärke der sowjetischen Feldarmee erheblich unterschätzt wurde.

109 Nach Wilhelm, S. 26; s. auch S. 25, Fußnote 64.
110 Ebd., S. 25, Fußnote 64.

III. Die Zeit der Vorbereitung

1. Maßnahmen der Obersten Führung

Das Abflauen der sowjetischen Sommeroffensive zwischen Warschau und den Karpaten um die Monatswende August/September 1944 und die teilweise Einengung der Weichselbrückenköpfe ließ die Frage nach der künftigen Kampfführung in den Vordergrund treten. Doch zunächst hatte der Warschauer Aufstand (1. August bis 2. Oktober) noch einmal die davon betroffenen deutschen Verbände, namentlich die der 9. Armee, einer Zerreißprobe unterworfen. Das Armeeoberkommando 9 sah nach Beginn des Aufstandes am 1. August nicht so sehr die Angehörigen der polnischen »Heimatarmee«, sondern vielmehr die den »Brückenkopf Warschau« angreifenden Teile der 1. Weißrussischen Front als Hauptgegner an. Nachdem es – wie bereits erwähnt – der 9. Armee gelungen war, dem sowjetischen III. Panzerkorps nordöstlich von Warschau bis zum 11. August eine empfindliche Niederlage zu bereiten, ging es den deutschen Truppen in erster Linie darum, einen möglichen sowjetischen Entsatzvorstoß auf Warschau, der jedoch gar nicht in der politischen und militärischen Konzeption Moskaus enthalten war, zu verhindern und ein weiteres Zufließen von polnischen Aufständischen in die Hauptstadt abzuriegeln[111]. Erst die erfolgreiche Abwehr schwacher sowjet-polnischer Vorstöße bis zu Regimentsstärke zwischen dem 16. und 20. September über die Weichsel

[111] Dazu H. v. Krannhals, Der Warschauer Aufstand 1944, Frankfurt/M. 1962, S. 81–86 und S. 129–142 (zit. Krannhals). Der Kampf in der Stadt selbst gestaltete sich zunächst äußerst krisenhaft, da vorerst nur 5000 kampffähige Wehrmacht- und Polizeikräfte zur Verfügung standen, wobei die Kompetenzverteilung zwischen dem Wehrmachtkommandanten Warschau (Generalleutnant Stahel) und den SS- und Polizeidienststellen eine einheitliche Kommandoführung erschwerte. Der von Himmler persönlich mit der Niederwerfung des Aufstandes beauftragte »Chef der Bandenbekämpfungskräfte«, SS-Obergruppenführer v. d. Bach-Zelew-

brachte die Gewißheit, daß die 1. Weißrussische Front keinen großangelegten Entsatz der Aufständischen plante. Mit dem Nachlassen des Widerstandes der »Heimatarmee« in der Stadt Ende September trat auch eine gewisse Entspannung für die Weichselfront der 9. Armee ein, wenn auch die Hauptkampflinie nunmehr unmittelbar am westlichen Weichselufer verlief. Die nach dem 10. Oktober auf Befehl Hitlers fortgeführte Zerstörung der Stadt durch SS- und Polizeieinheiten löste zwar den energischen Widerspruch des Oberbefehlshabers der 9. Armee aus, konnte aber das Schicksal Warschaus, das in der Folge zur »Festung« ausgebaut wurde, nicht mehr wenden[112].

Nach der Niederschlagung des Aufstandes mußte die baldige Stabilisierung der Ostfront ins Auge gefaßt werden, um die Zeit bis zum Beginn der mit Wintereinbruch zu erwartenden sowjetischen Großoffensive nach besten Kräften zu nutzen.

Trotz der Zuführung von 23 neuaufgestellten Divisionen (zum Großteil »Volksgrenadierdivisionen«) dauerte es relativ lange, bis die sieben in der Front eingesetzten schnellen Divisionen herausgelöst und aufgefrischt werden konnten[113]. Die Ostfront zwischen Memel und Karpaten rechnete mit dem Zeitraum von September bis Mitte Dezember zur Hebung ihrer Kampfkraft, da ab Mitte Dezember mit Frosteinbruch gerechnet werden mußte, was nach den bisherigen Erfahrungen als eine Voraussetzung für die Eröffnung von sowjetischen Winteroffensiven galt. Aber auch eine Vorverlegung des Angriffstermines auf Ende Oktober war ins Kalkül zu ziehen, da die logistischen Vorbereitungen und das Auffüllen der Verbände bis zu diesem Zeitpunkt durchaus abgeschlossen sein konnten[114].

ski, traf am 5. August in Warschau ein und übernahm das Kommando über die neu zugeführten Polizei- und Sicherungskräfte. Trotz scharfer disziplinärer Maßnahmen konnte v. d. Bach-Zelewski völkerrechtswidrige und kriminelle Ausschreitungen seitens einiger Sicherungseinheiten (»Brigade Kaminski«) nicht verhindern. Am 14. August erhielt v. d. Bach-Zelewski den Befehl über sämtliche im Stadtbereich Warschau eingesetzten Wehrmacht-, SS- und Polizeitruppen, während er selbst dem Kommando der 9. Armee unterstand (»Korpsgruppe von dem Bach«), was sich jedoch angesichts der direkten Weisungen Himmlers an ihn kaum auswirkte.

112 S. Krannhals, S. 327 ff.

113 Dazu L. Rendulic, Die Rückwirkung der Ardennenoffensive auf die Ostfront, in: WWR, 1960, H. 9, S. 497–506, hier S. 504, zit. Rendulic.

114 Dazu E. Middeldorf, Die Abwehrschlacht am Weichselbrückenkopf Baranow. Eine Studie über neuzeitliche Verteidigung, in: WWR, 1953, H. 4, S. 187–203, hier S. 187, zit. Middeldorf.

In der Folgezeit bemühten sich OKH und das Oberkommando der Heeresgruppe A, die bestmöglichen Voraussetzungen für das Gelingen der Abwehrschlacht zu schaffen, während die Bestrebungen Hitlers und des OKW augenscheinlich darauf hinzielten, alle verfügbaren Reserven zu einer letzten großen Offensive im Westen heranzuziehen. Zunächst sei die Tätigkeit des OKH, insbesondere die des Generalstabschefs betrachtet.

Nach der Beauftragung Generaloberst Guderians mit der Wahrnehmung der Aufgaben des Generalstabschefs des Heeres am 21. Juli 1944 ließ dieser nichts unversucht, der schwer kämpfenden Ostfront Entlastung zu verschaffen. Bereits nach der ersten Abtrennung der Heeresgruppe Nord von der Hauptfront hatte sich Guderian Gedanken über die militärische Zukunft der Heeresgruppe beziehungsweise über den Sinn und Zweck einer weiteren Verteidigung des Baltikums gemacht. Bis Anfang Oktober scheint sich der Generalstabschef noch nicht über die Notwendigkeit einer rechtzeitigen Räumung im klaren gewesen zu sein. Erst nach der endgültigen Trennung der Heeresgruppen Nord und Mitte ab dem 9. Oktober trat ein Meinungswandel zugunsten einer Aufgabe der noch gehaltenen Gebiete in Kurland ein, um die Rückführung der beiden wertvollen Armeen (16., 18.) mit etwa 30 Divisionen zu ermöglichen. Dadurch sollte eine starke operative Reserve geschaffen werden, die der gesamten Ostfront zugute kommen sollte. Entgegen den persönlichen »Erinnerungen« Guderians ist ein Eintreten des Generalstabschefs für eine Aufgabe Kurlands aktenmäßig erst am 18. Oktober 1944 in Form von »Gedanken über die Weiterführung des Kampfes im Osten« belegt[115]. Erst in der Folge trat Guderian in immer vehementerer Form für die Räumung Kurlands ein, ohne jedoch damit bei Hitler Gehör zu finden.

In der Frage der Rückführung der Heeresgruppe Nord aus dem Baltikum beziehungsweise des Haltens dieses Raumes zum Schutze der deutschen Seeverbindungen in der Ostsee bestand ein diametraler Gegensatz zwischen dem Generalstab des Heeres einerseits sowie Hitler und der Seekriegsleitung andererseits. Während Hitler die Aufgabe des bedrohten Gebietes aus politischen Rücksichten auf Finnland und Schweden ablehnte, sah die Seekriegsleitung in einem Rückzug aus den baltischen Ländern

115 Abwehrkämpfe, S. 206.

eine ernste Gefahr für die Abwicklung der Erztransporte aus Nordschweden und die Ausbildung der U-Boot-Besatzungen. Demgegenüber hatte das Oberkommando der Heeresgruppe Nord in Übereinstimmung mit dem Generalstabschef des Heeres seit Ende August mehrmals betont, daß angesichts der unzureichenden eigenen Kräfte und der gegnerischen Angriffsabsichten eine Einkesselung der gesamten Heeresgruppe im Baltikum bevorstehe, was nicht nur eine zusätzliche logistische Belastung, sondern auch eine Festlegung von namhaften eigenen Kräften abseits der Hauptfront bedeute. Ob mit einem dadurch entstehenden »Ostseebrückenkopf« im Baltikum den politischen und maritimen Überlegungen gedient werden könne, stand jenseits der Beurteilung der betroffenen Heeresdienststellen; ob jedoch in Anbetracht des damit verbundenen Verzichts auf die Zuführung von zwei kampferfahrenen Armeen ins Reichsgebiet eine Isolierung dieser Armeen im Baltikum zu verantworten sei, wurde von Heeresseite entschieden angezweifelt, da obendrein zu befürchten war, daß es nicht zu einer Bindung unverhältnismäßig starker sowjetischer Verbände kommen werde[116].
Nachdem am 13. Oktober der letzte deutsche Versuch, die Voraussetzungen für die Herstellung der Landverbindung zur Heeresgruppe Mitte durch das XXXIX. Panzerkorps zu schaffen, gescheitert war, bestanden nur mehr minimale Chancen für eine angriffsweise Vereinigung der beiden Heeresgruppen. Am 21. Oktober erging der Befehl Hitlers zur nachhaltigen Verteidigung Kurlands, nachdem der Oberbefehlshaber der Heeresruppe, Generaloberst Schörner, noch am 19. Oktober für eine schrittweise Zurückführung der Kräfte nach Ostpreußen eingetreten war. Schließlich befahl Hitler am 26. Oktober der Heeresgruppe Nord die Abgabe von 3 Infanteriedivisionen (11., 61., 121.) und 1 Panzerdivision (4.) an die Heeresgruppe Mitte beziehungsweise zur Verfügung des OKH[117].
Man sieht also, daß die Abgaben seitens der Heeresgruppe Nord so geringfügig ausfielen, daß sie die Kräftelage an der Hauptfront kaum beeinflussen konnten. Eine Verstärkung der Heeresgruppe A durch diese Abgaben wurde überhaupt nicht in Betracht gezogen, da diese Reserven zunächst die schwer

116 Ebd., S. 104–109.
117 Ebd., S. 209.

bedrohte Heeresgruppe Mitte entlasten sollten. Das Tauziehen um die Räumung Kurlands zog sich hingegen bis zum Kriegsende hin und erreichte in der noch hervorzuhebenden Auseinandersetzung Guderians mit Hitler am 24. Dezember einen Höhepunkt.

Ein wichtiger Bereich der Abwehrvorbereitungen umfaßte den Ausbau und die Verstärkung von festen Anlagen und rückwärtigen Stellungen sowie die Aufstellung von Besatzungstruppen. Der Generalstabschef ging im August daran, gemeinsam mit Oberstleutnant d. G. Thilo, dem Leiter der Festungsabteilung im OKH, einen Plan für den Ausbau rückwärtiger Stellungen auszuarbeiten. In erster Linie sollten die ehemaligen deutschen Ostbefestigungen reaktiviert und mit Sicherheitsbesatzungen versehen werden. Der Ausbauplan sah vor, die Verbindungen zwischen diesen festen Anlagen herzustellen und außerdem Befestigungsanlagen im Zuge der großen Flüsse zu errichten. Der im Herbst 1944 forcierte Ausbau der Stellungen und die Wiederinstandsetzung der Festungen wurde vor allem von zivilen Kräften durchgeführt; die festen Anlagen sollten sich später beim sowjetischen Einbruch nach Ostdeutschland, insbesonders im Falle Breslaus, Königsbergs und Danzigs, bewähren[118].

Die Errichtung von rückwärtigen Stellungen stellte ein Kardinalproblem der deutschen Kriegführung dar. Ohne auf Details näher einzugehen, sei nur darauf hingewiesen, daß seit der Winterkrise vor Moskau 1941/42 die Forderung nach der Anlage von befestigten Auffangs- beziehungsweise Verteidigungslinien im Hinterland zu einem Hauptanliegen des deutschen Ostheeres gehörte. Im Herbst 1942 stand zum Beispiel der Bau eines »Ostwalles«, unter Umständen entlang des Dons, zur Diskussion, während 1943 das OKH für die Befestigung der »Panther-Stellung« zwischen der Bucht von Narva und der Krim eintrat[119]. 1943/44 plädierte selbst Generaloberst Jodl als Chef des Wehrmachtführungsstabes für die Zurücknahme der Ostfront auf die kürzeste Linie zwischen Riga und Odessa.

All diesen Plänen stand Hitler in betont ablehnender Form gegenüber, mit Ausnahme des Vorschlages, daß man die Haupt-

118 Guderian, S. 326 f.

119 S. Philippi/Heim, S. 227 ff.; vgl. F. Hoßbach, Streiflichter aus den Operationen des Südflügels der Heeresgruppe Mitte vom Juli 1943 bis April 1944, in: ASMZ, 1951, H. 4, S. 255–259.

kampflinie (HKL) unmittelbar zu befestigen trachten solle. Als Begründung für diese Haltung führte er an, daß die Kenntnis von der Existenz rückwärtiger Stellungen Führung und Truppe veranlassen könnte, die HKL nicht mehr mit Nachdruck zu verteidigen, sondern frühzeitig das Augenmerk auf das Absetzen in diese Stellungen zu richten. Weiter argumentierte der Oberste Befehlshaber, daß durch das Festhalten an Frontvorsprüngen und -ausbuchtungen der Gegner gezwungen werden solle, um diese Räume zu kämpfen und auf diese Art und Weise hohe Opfer zu bringen.

Mit dieser Form der Kampfführung konnten sich jedoch der Generalstab des Heeres und die Kommandostellen der Ostfront nicht abfinden; einerseits gab man zu bedenken, daß eine solche Operationsführung ein hohes Maß an Beweglichkeit und Handlungsfreiheit – wie sie etwa noch in den Jahren 1941 und 1942 gegeben waren – verlange, was jedoch angesichts des Verschleißes an schnellen Divisionen und angesichts der zunehmenden sowjetischen Mechanisierung und Motorisierung illusorisch erschien; andererseits schloß die nachhaltige Verteidigung exponierter Frontausbuchtungen die Gefahr ein, abgeschnitten und eingekesselt zu werden. Das Problem reicht somit in den Fragenkomplex der Notwendigkeit rechtzeitiger Frontbegradigungen hinein, das in der Fachliteratur häufig behandelt worden ist[120] und auch im Rahmen der Verteidigung des Weichselabschnittes 1945 große Bedeutung erlangen sollte.

Was die Lage an der Ostfront im Herbst 1944 betraf, so wies Guderian darauf hin, daß in Anbetracht der Tatsache, daß die Front unmittelbar an der deutschen Ostgrenze oder in bedrohlicher Nähe derselben verlief, jeder weitere sowjetische Durchbruch zu einer unabsehbaren Katastrophe führen könne: In Ostpreußen hatten sowjetische Truppen bereits im Raum von Ebenrode–Rominten deutsches Territorium besetzt, während das leistungsfähige oberschlesische Industriegebiet nur etwa 200 km hinter der Front lag.

Das Ostheer konnte sich demnach einen Geländeverlust, wie etwa den im Sommer 1944 erlittenen, auf keinen Fall mehr

120 E. v. Manstein, Verlorene Siege, Frankfurt/M. 1966, S. 480 ff. – S. auch M. Kehrig, Stalingrad. Analyse und Dokumentation einer Schlacht, Stuttgart 1974 (= Beiträge zur Militär- und Kriegsgeschichte, hrsg. vom Militärgeschichtlichen Forschungsamt, Bd 15), S. 29.

leisten; die rückwärtigen Verteidigungslinien mußten daher in unmittelbarem Zusammenhang mit dem Schutz der Reichsgrenze verlaufen, wobei versucht werden sollte, die geringe, noch zur Verfügung stehende Tiefe des Raumes bestens auszunutzen. Ein weiteres Argument Guderians bestand darin, daß vorbereitete und besetzte rückwärtige Stellungen den ausweichenden Truppen eine bedeutende Verstärkung der Abwehrkraft boten, eine Erfahrung, die auch während der jüngsten Sommerkämpfe 1944 gemacht worden war[121].

Das im Herbst 1944 angelegte Stellungssystem sah im allgemeinen den Ausbau einer »Hauptkampflinie« (HKL), einer »Großkampf-HKL«[122] sowie einer 2. und 3. rückwärtigen Stellung vor (siehe Skizze 3). Dahinter verliefen je nach Möglichkeit und Gelände weitere Verteidigungsabschnitte, die besonders in Ostpreußen eine ungewöhnliche Dichte aufwiesen. Im Hinterland der Heeresgruppe A entstand unter der Kompetenz des OKH das System der sogenannten a-, b-, c- und d-Stellungen, die den Raum zwischen der unteren Weichsel mit Pommern und den Karpaten in einer Tiefe von 200 bis 300 km decken sollten[123].

Guderian ging noch einen Schritt weiter. Am 28. November erfolgte der Befehl zur Erkundung der »Nibelungen-Stellung« (e); diese sollte dem Ostheer den letzten Rückhalt in seinem Entscheidungskampf bieten und in der allgemeinen Linie Preßburg – Brünn – Olmütz – Glatz – Frankfurt (Oder) – Küstrin – Stettin unter Einschluß mehrerer Brückenköpfe und vorgelagerter Festungen verlaufen[124]. Das Schwergewicht des Ausbaues lag jedoch im vorderen Stellungssystem zwischen der HKL und der a-1-Stellung. Neben den Heeresgruppen- und OKH-Stellungen wurden durch die Armeen und Heeresgruppen noch verschiedene »Zwischenstellungen« errichtet, die jedoch den Hauptanlagen Personal und Material entzogen und außerdem die in sie gesetzten Erwartungen nicht erfüllen sollten.

121 Dazu Rendulic, S. 501.

122 Der Begriff der »Großkampf-HKL« wird im Zusammenhang mit den Abwehrvorbereitungen der HGr. A erläutert werden.

123 Gemäß Ob.Kdo. der HGr. A, Lagekarte, Stand 11. 1. 1945, in: BA-MA, 80/46.

124 OKH/GenStdH/Op.Abt. (Fest.): Erkundungsbefehl für die Nibelungen-Stellung vom 28. 11. 1944, in: BA-MA, III H 402/3.

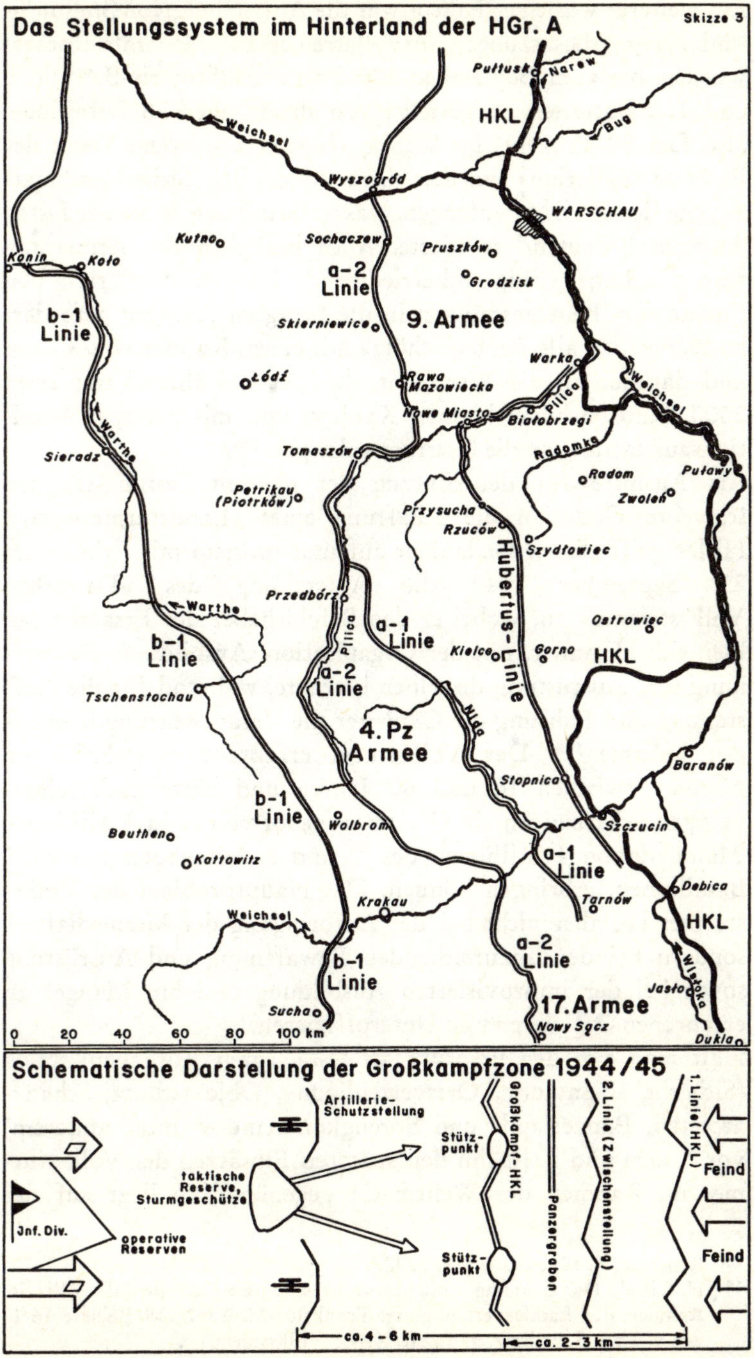
Das Stellungssystem im Hinterland der HGr. A
Skizze 3
Pułtusk
Narew
HKL
Bug
Weichsel
Wyszogród
WARSCHAU
Kutno
Sochaczew
Pruszków
Konin
Koło
Grodzisk
a-2 Linie
b-1 Linie
9. Armee
Skierniewice
Warka
Łódź
Rawa Mazowiecka
Pilica
Weichsel
Warthe
Nowe Miasto
Białobrzegi
Sieradz
Tomaszów
Radomka
Radom
Puławy
Petrikau (Piotrków)
Zwoleń
Przysucha
Rzuców
Szydłowiec
Hubertus-Linie
Przedbórz
Warthe
Ostrowiec
a-1 Linie
b-1 Linie
Pilica
Kielce
Gorno
HKL
a-2 Linie
Tschenstochau
Nida
4. Pz Armee
Baranów
Stopnica
b-1 Linie
Wolbrom
Szczucin
Beuthen
Kattowitz
a-1 Linie
Debica
Tarnów
Weichsel
Krakau
HKL
a-2 Linie
b-1 Linie
Wisłoka
Jasło
Sucha
17. Armee
0 20 40 60 80 100 km
Nowy Sącz
Dukla
Schematische Darstellung der Großkampfzone 1944/45
Artillerie-Schutzstellung
Stützpunkt
Großkampf-HKL
2. Linie (Zwischenstellung)
1. Linie (HKL)
Feind
taktische Reserve, Sturmgeschütze
Jnf. Div.
operative Reserven
Panzergraben
Stützpunkt
Feind
ca. 4 – 6 km
ca. 2 – 3 km

Ein weiterer wichtiger Faktor war die Aufstellung von Stellungs- und Festungsbesatzungen. Auf Betreiben des Generalstabschefs wurden bis zum September 100 Festungsinfanterie-Bataillone und 100 Batterien aufgestellt, von denen aber 78 Bataillone, also fast 80 Prozent, im Westen eingesetzt wurden. Trotz der Proteste Guderians wurden diese wertvollen Sicherheitsbesatzungen der Ostfront entzogen, was natürlich den Wert der festen Anlagen bedeutend minderte. Auch bezüglich der Armierung war die Lage völlig unbefriedigend. Obwohl Guderian den Einbau von Beutegeschützen in die besagten Anlagen gefordert hatte, wurden alle Beutegeschütze mit einem Kaliber von 75 mm und darüber an die Westfront abgegeben, während nur etwa 2000 Beutegeschütze kleinen Kalibers und mit geringer Munitionsausstattung an die Ostfront gelangten[125].

Als Aushilfe für den Entzug der meisten Festungstruppen schwebte Guderian die Schaffung eines »Landsturmes« vor; Hitler griff diesen Gedanken auf und ordnete mit Erlaß vom 25. September 1944 die Aufstellung des »Deutschen Volkssturmes« an, wobei er den Befehlshaber des Ersatzheeres, Heinrich Himmler, mit der Organisation, Ausbildung, Bewaffnung und Ausrüstung desselben betraute, während für die Aufstellung und Führung die Gauleiter die Verantwortung übertragen bekamen[126]. Der Volkssturm erfaßte alle wehrfähigen Männer zwischen 16 und 60 Jahren und hätte nach seinerzeitigen Schätzungen ein Gesamtaufgebot von etwa 6 Millionen Mann, davon 4 Millionen des 1. und 2. Aufgebotes mit 6710 Bataillonen, erbringen können. Das Hauptproblem des Volkssturmes lag aber nicht bei der Aufbringung der Mannschaften, sondern bei der unzureichenden Bewaffnung und Ausrüstung sowie bei der improvisierten Ausbildung und am Mangel an erfahrenen Offizieren und Unteroffizieren.

Hält man sich den ursprünglich festgelegten Aufgabenkatalog (Sicherheitsbesatzung, Ortsverteidigung, Objektschutz, Schanzarbeiten, Panzerjagd- und Sprengkommandos unter anderem) vor Augen und stellt ihn den späteren Einsätzen des Volkssturmes im Rahmen der Wehrmacht gegenüber, so liegt auf der

125 Rendulic, S. 501; Guderian, S. 327.

126 H. Kissel, Der deutsche Volkssturm 1944/45. Eine territoriale Miliz im Rahmen der Landesverteidigung, Frankfurt/M. 1962 (= Beiheft 16/17 der WWR), S. 21 bzw. 97 f., zit. Kissel, Volkssturm.

Hand, daß es sich hierbei um eine Überforderung handelte. Über den Erfolg oder Mißerfolg des Volkssturmes nach dem sowjetischen Durchbruch an der Weichsel soll an anderer Stelle berichtet werden. Es sei hier nur erwähnt, daß das organisatorische Nebeneinander von Wehrmacht- und Parteidienststellen bei der Vorbereitung zur Verteidigung Ostdeutschlands keine glückliche Regelung war.
Alle bisher angeführten Maßnahmen hingen jedoch weitgehend davon ab, welche grundlegenden strategischen Entschlüsse die Oberste Führung hinsichtlich der Verlagerung des Schwergewichts in der Fortsetzung der Reichsverteidigung im Spätherbst 1944 zu fassen gedachte. Die an verschiedenen Stellen aufgeworfene Frage nach dem Sinn und den Siegesmöglichkeiten der vom OKW geplanten Ardennen-Offensive soll im vorliegenden Zusammenhang nicht aufgerollt werden[127]. Entscheidend blieb die Überlegung, daß mit den vorhandenen Kräften – allein an Jagdflugzeugen wurden fast 1500 bereitgestellt – ein nachhaltiger Schlachtenerfolg nur an der Westfront möglich war, da an der Ostfront die sowjetische Überlegenheit und die Tiefe des Raumes einen durchschlagenden deutschen Erfolg ausschloß. Viel wichtiger wäre hingegen die Frage gewesen, ob der Zeitpunkt der Angriffseröffnung im Westen früh genug gewählt war, um eine zeitgerechte Überführung von freiwerdenden Verbänden zur Verstärkung der Ostfront gewährleisten zu können[128].
Nach all dem schien es äußerst problematisch zu sein, wie die von Hitler anläßlich einer Besprechung am 2. Dezember in Aussicht genommene Verstärkung der Ostfront *nach* Abschluß der Operation im Westen verwirklicht werden könne. Die zur damaligen Zeit auftauchende Alternativlösung, nämlich die Bereitstellung von allen an der Westfront nicht benötigten Reserven hinter den bedrohten Abschnitten der Ostfront, bedeutete jedoch den Verzicht auf den entscheidungsuchenden Angriff im Westen und schied daher aus den Planungen des OKW aus. Ob hingegen im Falle einer Bereitstellung aller Reserven im Osten ein sowjetischer Durchbruch nach Ostdeutschland hätte vermieden werden können, dieser Gedanke gehört ins Reich der Spekulationen.

127 Jung, S. 101 ff.
128 Guderian, S. 336.

Als kurzer Exkurs sei noch die Auffassung Generalmajor Gehlens um die Jahreswende 1944/45 angefügt. Interessanterweise war Gehlen bereits im Oktober der Ansicht gewesen, daß der Gegner mit tiefen Stößen versuchen werde, Ostpreußen vom Reichsgebiet zu trennen. Daß diese Offensive unterblieb und sich die Rote Armee hingegen mit einem frontalen Angriff auf Ostpreußen begnügte, stellte für die Abteilung Fremde Heere Ost ein unerklärliches Verhalten dar. Eine Antwort darauf gibt folgender Sachverhalt: »In jenen Monaten zeigte jedoch die Rote Armee ein Verhalten, das deutlich erkennen ließ, wie wenig die sowjetische Führung gewillt war, nach jahrelangen Vorleistungen ihr Machtinstrument weiterhin rücksichtslos einzusetzen und dabei zu schwächen. In Moskau dachte man offensichtlich schon an die Friedenskonferenz und an die Notwendigkeit einer starken Position bei den Verhandlungen über die Nachkriegsordnung in Europa und Asien[129].«

Nimmt man diese Schlußfolgerung als Grundmotiv für die sowjetische Strategie bis zum Kriegsende an, so erklärt sich auch daraus, worauf noch zurückzukommen sein wird, das lange Intervall bis zum Beginn der Winteroffensive Mitte Januar 1945.

Die sowjetische Führung sah es demnach nicht als notwendig an, ihre Schlußoffensive auf Berlin zu einem Zeitpunkt zu führen, den sie hinsichtlich der logistischen Voraussetzungen und hinsichtlich der noch ziemlich hoch veranschlagten deutschen Abwehrkraft für ungünstig hielt.

Demgegenüber vertrat Gehlen Ende 1944 die Auffassung, daß nach Schaffung gewisser Voraussetzungen eine erfolgreiche Verteidigung der Ostfront durchaus im Bereich des Möglichen liege. Im Rahmen seiner »Silvester-Denkschrift« führte er aus, daß durch Kräftezuführungen aus dem Westen und aus Ungarn eine operative Reserve von etwa 20 bis 30 Divisionen zu gewinnen sei, die der Ostfront den nötigen Rückhalt geben könnte[130].

Aus der heutigen Sicht ist eine Beschäftigung mit den Erfolgschancen dieser Idee gegenstandslos; aus der Sicht der damaligen Verantwortlichen konnte es hingegen nur um die Frage gehen, ob das Vorenthalten namhafter Kräfte zugunsten einer Angriffs-

129 Wilhelm, S. 65.

130 Ebd., S. 69 f. – Zur Frage des Einsatzes der Reserven s. Speer, S. 427.

schlacht im Westen nicht ein untragbares Risiko für den bedrohten Osten des Reiches samt seiner Bevölkerung heraufbeschwor, die im Falle eines Einmarsches der Roten Armee mit Gewaltakten, Repressalien und Willkürherrschaft rechnen mußte. Gerade der Schutz der wehrlosen Zivilbevölkerung war aber ein Beweggrund, der Führung und Truppe der Ostfront zu weiteren Verteidigungsanstrengungen anspornte.

2. Die Abwehrvorbereitungen der Heeresgruppe A

a) Grundlegende Maßnahmen

Der energische Oberbefehlshaber, Generaloberst Josef Harpe (Chef des Generalstabes: Generalleutnant v. Xylander) legte nach dem Abklingen der sowjetischen Sommeroffensive sein Hauptaugenmerk auf die Erarbeitung eines wohldurchdachten Abwehrkonzepts sowie auf den Ausbau eines tiefgestaffelten Stellungssystems. Das Kardinalproblem bestand nach wie vor im Mißverhältnis zwischen der vorhandenen Kraft und der zu haltenden Frontlänge (rund 700 km) bei wachsender Überlegenheit des Gegners und geringen eigenen Reserven.

Die operativen Überlegungen des Oberkommandos der Heeresgruppe für die Führung der Abwehrschlacht reichen bis in den Oktober zurück. Eine am 25. Oktober 1944 erlassene Weisung legte die ersten Richtlinien fest, die durch die grundlegende »Weisung für die Vorbereitung der Abwehrschlacht zwischen Beskiden und Warschau« vom 26. November ersetzt wurde[131]. In dieser Weisung kommen die wesentlichen, auf den zukünftigen Abwehrkampf gerichteten Überlegungen der Heeresgruppenführung zum Ausdruck, so daß das Schriftstück den Charakter einer Schlüsselquelle besitzt.

Einleitend stellt das Oberkommando fest, man müsse erwarten,

131 Ob.Kdo. der HGr. A, Abt. Ia, Nr. 0913/44 g.Kdos. Chefs. vom 26. 11. 1944, in: BA-MA, RH 19 VI/4, S. 1–7, abgedruckt als Anl. 1, zit. Weisung für die Vorbereitung der Abwehrschlacht. – Zum folgenden vgl. Kriegserfahrungen in der Verteidigung. Beispiele aus dem Kriege 1939–1945, dargestellt von einem deutschen Offizier, Teil I und II, in: ASMZ, 1950, H. 6, S. 336–345, H. 7, S. 428–445, zit. Kriegserfahrungen in der Verteidigung.

daß der Gegner zwischen Beskiden und der Pilica-Mündung (bei Warka) mit außergewöhnlich starken Kräften zum Angriff antreten werde. Dieser Angriff werde aus allen drei Weichsel-Brückenköpfen (Baranów, Puławy, Warka) konzentrisch auf den Raum von Radom oder Końskie zielen und damit alle dazwischen stehenden deutschen Verbände einkreisen und zerschlagen; außerdem müsse mit gleichzeitigen oder zeitlich nachgestaffelten Angriffen zwischen der Weichsel und den Ausläufern der Beskiden gerechnet werden. Als Endziel der sowjetischen Offensive nahm man die Gewinnung von Oberschlesien an. Obwohl zu diesem Zeitpunkt (Ende November) eine sofortige feindliche Angriffsbereitschaft noch nicht als gegeben erschien, zog die Heeresgruppe jedoch die Möglichkeit einer solchen innerhalb eines sehr kurzen Zeitraumes ins Kalkül. Daneben rechnete man auch mit der Absicht des Gegners, den Angriff bis zum Eintritt dauerhaften Frostes aufzuschieben[132].

Die geplante Kampfführung sah die Bereitstellung von möglichst vielen taktischen beziehungsweise operativen Reserven vor, mit deren Hilfe die durchbrechenden gegnerischen Panzer- und motorisierten Verbände angegriffen und geschlagen werden sollten, wobei man bei den Divisionsbreiten der Stellungstruppen ein hohes Risiko einzugehen gedachte, um die notwendigen Reserven freizumachen. Hierbei sollten die ersten, zum taktischen Durchbruch vorgesehenen Feindverbände bereits durch eigene örtliche Reserven und durch ein straff geleitetes Artilleriefeuer, gestützt auf ein tief gestaffeltes vorderes Stellungssystem, zerschlagen werden. Vor allem sollte es gelingen, die eigenen, zum operativen Gegenangriff bestimmten Panzerdivisionen so lange zurückzuhalten, bis die gegnerischen Hauptstoßrichtungen einwandfrei erkannt waren; auf keinen Fall durfte ein frühzeitiger Einsatz der wertvollen Panzerreserven für Abwehrzwecke auf taktischer Ebene erfolgen.

Der nächste wichtige Punkt betraf das Absetzen der Stellungstruppen auf die sogenannte »Großkampf-Hauptkampflinie« (Großkampf-HKL). Das Oberkommando der Heeresgruppe stellte es den Armeen frei, das Beziehen der Großkampf-HKL anzuordnen, während die Armeekorps an die Weisung der Armeeoberkommandos gebunden wurden. Griff der Gegner nicht

132 Weisung für die Vorbereitung der Abwehrschlacht, S. 1.

an, war es Pflicht der Armeen, das Wiederbesetzen der ursprünglich verteidigten Hauptkampflinie zu gewährleisten. Als entscheidendes Kriterium kam in der Weisung zum Ausdruck, daß die Großkampf-HKL »unter Einsatz der letzten Kraft« verteidigt werden müsse[133]. Die Heeresgruppe hatte es sich vorbehalten, Teilkräften ein eventuelles Absetzen in rückwärtige Stellungen zu genehmigen; jedes Zuwiderhandeln war mit aller Strenge zu bestrafen.

Die Bereitstellung der Reserven wurde ausführlich erwähnt. Ausdrücklich war den schnellen Verbänden befohlen, ihre Verfügungsräume so weit von der Front abgesetzt zu beziehen, daß sie durch die gegnerische Artillerie und Luftwaffe nicht wirksam erfaßt oder durch örtliche Einbrüche des Gegners in das vordere Stellungssystem nicht frühzeitig gebunden werden konnten. Dazu hieß es wörtlich: »Sie müssen einen im Hinblick auf die Betriebsstoffknappheit und die Luftwaffenwirkung des Feindes zwar geringen, aber doch so ausreichend weiten Anlauf haben, daß sie flüssig in die in Frage kommenden Angriffsräume antreten können[134].« Auch die Artillerie der schnellen Verbände durfte nur unter besonderen Umständen mit höchstens 2 Abteilungen je Regiment zur Unterstützung der Stellungsdivisionen herangezogen werden.

Die Gliederung der Heeresgruppe zum damaligen Zeitpunkt sah folgendermaßen aus:

Panzerarmee-Oberkommando 1: 2 Generalkommandos, 3 Infanteriedivisionen, 3 Jägerdivisionen, 1 Ski-Jägerdivision

Armeeoberkommando 17: 2 Generalkommandos, 5 Infanteriedivisionen, 3 Volksgrenadierdivisionen

Panzerarmee-Oberkommando 4: 2 Generalkommandos, 6 Infanteriedivisionen, außerdem 1 ungarische Reservedivision

Armeeoberkommando 9: 3 Generalkommandos, 4 Infanteriedivisionen, 3 Volksgrenadierdivisionen.

Zur Verfügung der Heeresgruppe standen außerdem 2 Panzerkorps mit 6 schnellen Divisionen (8., 16., 17., 19., 25. Panzerdivision, 20. Panzergrenadierdivision) bereit; schließlich befand sich noch zur Verfügung des OKH, dann zur Verfügung der

133 Ebd., S. 2.
134 Ebd., S. 3.

Heeresgruppe, eine Kampfgruppe der schwer angeschlagenen 10. Panzergrenadierdivision in Auffrischung[135].

Die Aufträge an die Armeen sahen generell die Verteidigung der Großkampf-HKL vor, wobei dem Aufmarsch und der Bereitstellung der Reserven großes Augenmerk gewidmet wurde. So sollte das Armeeoberkommando 17 mit der 208. Infanteriedivision die wertvolle 8. Panzerdivision im Raum von Tarnów ablösen, worauf die 8. Panzerdivision der 4. Panzerarmee zugeführt werden sollte. Es war geplant, unter dem Generalkommando des XXIV. Panzerkorps die 8., 16. und 17. Panzerdivision sowie die 20. Panzergrenadierdivision in zwei Operationsgruppen nordöstlich und südlich von Kielce aufzustellen, um den erwarteten sowjetischen Hauptstoß in diesem Raum aufzufangen. Dazu setzte die Heeresgruppen-Weisung mehrere Alternativen für den Gegenangriff und die Möglichkeit einer Zuführung der 8. Panzer- und der 20. Panzergrenadierdivision nach Norden zur 9. Armee fest.

Das XXXX. Panzerkorps stand im Rahmen der 9. Armee mit der 19. und 25. Panzerdivision westlich und südwestlich des Warka-Brückenkopfes und hatte in erster Linie den wahrscheinlichen gegnerischen Vorstoß aus diesem Brückenkopf in Richtung Westen, daneben Vorstöße aus dem Puławy-Brückenkopf zu bekämpfen. Außerdem war die eventuelle Verschiebung des Korps in Richtung Warschau und eine Zuführung der 19. Panzerdivision in Richtung des Baranów-Brückenkopfes vorzubereiten[136].

Das dargestellte Dispositiv entsprach im wesentlichen den Absichten der Heeresgruppenführung bis zum Beginn der Schlacht. In der Folge bewirkte der Abzug und die Verschiebung einiger Divisionen eine bedeutende Schwächung der Heeresgruppe. Damit änderten sich auch die Grundlagen für die Führung der Abwehrschlacht. Vergleicht man jedoch die Beurteilung der Feindabsichten mit dem tatsächlichen Ablauf der sowjetischen

135 Ebd., S. 4. Die teilweise Abweichung von den im Kapitel II (Kräftegliederung vom 26. 11. 1944) dargelegten Angaben erklärt sich daraus, daß einmal eine Inf.Div. nur als »Kampfgruppe« und ein andermal die 10. Pz.Gren.Div. überhaupt nicht bzw. nur als OKH-Reserve angeführt wird. Bei Außerachtlassung der 10. Pz.Gren.Div. und der ung.Div. beträgt die Summe der Verbände in beiden Fällen 34.

136 Ebd., S. 6 f.

Offensive, so fällt erstens auf, daß der Gegner keineswegs den Durchbruch nach Oberschlesien als Hauptziel anstrebte, sondern den Vorstoß aus dem Warka-Brückenkopf in Richtung Berlin zumindest als gleichrangig, wenn nicht als vorrangig betrachtete[137]; das Oberkommando der Heeresgruppe nahm weiter an, daß der Gegner eine Zerschlagung der deutschen Truppen im großen Weichselbogen mittels einer konzentrischen Operation beabsichtige, was aber tatsächlich nur ein Nebenziel der sowjetischen Angriffsarmeen darstellte, die in Wirklichkeit weitgesteckte Ziele im deutschen Hinterland verfolgten; die Einkreisung und Vernichtung der deutschen Truppen zwischen dem Baranów- und Warka-Brückenkopf wurde den Divisionen der 2. und 3. Welle übertragen, die zugleich die Flanken und das Hinterland der Angriffsarmeen zu sichern hatten.

Ein weiterer Punkt betraf die Funktion der Großkampf-HKL und den Einsatz der taktischen Reserven (siehe Skizze 3). So wie im Abschnitt der Heeresgruppe Mitte zwischen der Memel und dem Narew wurde auch durch die Armeen der Heeresgruppe A eine »Großkampfzone« ausgebaut, deren Kernstück die »Großkampf-HKL« darstellte. Diese verlief je nach Geländeform und taktischen Erfordernissen im Abstand von 0,5 bis 4 km hinter der Hauptkampflinie und hatte die Aufgabe zu erfüllen, die dort eingesetzten Truppen unmittelbar vor Beginn eines gegnerischen Großangriffes aufzunehmen. Die Stellungstruppen sollten sich hierbei nach einem festgelegten, genauen Zeitplan überraschend vom Gegner lösen und unbemerkt die Großkampf-HKL besetzen, während einige Sicherungen in der HKL verbleiben und die volle Stärke der Stellungsbesatzung vortäuschen sollten[138]. Zwischen der HKL und der Großkampf-HKL verlief noch eine Zwischenstellung, so daß der Angreifer insgesamt drei Linien überwinden mußte, wenn er in die Großkampfzone eindringen wollte. Ein wohldurchdachtes System von Stützpunkten, Bunkern, Panzersperren, Minenfeldern und Artilleriestel-

137 Auch die Übertragung des Oberbefehls über die 1. Weißrussische Front an Marschall d. S. Žukov weist auf die Bedeutung des Stoßes aus dem Warka- und Puławy-Brückenkopf hin.

138 Dazu Middeldorf, S. 189 f.; Abwehr sowjetischer Großangriffe 1944/45, in: Gefechtsbeispiele aus dem Zweiten Weltkrieg, hrsg. von der Arbeitsgemeinschaft Truppendienst, Wien 1971 (= Truppendienst-Taschenbuch, Bd 16), S. 270–288, hier S. 270–275, zit. Abwehr sowjetischer Großangriffe.

lungen sollte dem Gegner einen Einbruch in die Großkampfzone erschweren.

Mit dem Beziehen der Großkampf-HKL war vor allem die Absicht verbunden, das bekannte und gefürchtete feindliche Artilleriefeuer, das besonders als Angriffsvorbereitung ungewöhnlich heftige Ausmaße erreichte, im unbesetzten Raum verpuffen zu lassen[139]. Auch die Infanterie- und Panzerangriffe sollten sich gegen die aufgegebene 1. und 2. Stellung richten, wobei vorgesehen war, dem Gegner möglichst lange den Verlauf der Großkampf-HKL (3. Stellung) zu verbergen. Gelang dem Gegner dennoch ein Einbruch in die 3. Stellung, so hatten taktische Reserven den Auftrag, den Gegner zurückzuwerfen oder den Einbruch abzuriegeln, während die operativen Reserven erst nach vollzogenem Durchbruch durch die Großkampfzone einzugreifen hatten, weil man einen gewissen Abnutzungseffekt mitberücksichtigte.

Guderian bemerkt in seinen Erinnerungen, daß er Hitler den Vorschlag unterbreitet habe, die Großkampflinie in einem Abstand von etwa 20 km hinter der HKL anzulegen, während Hitler auf einem Abstand von nur 2 bis 4 km bestanden habe[140]. Da die Quellen keine näheren Hinweise über den Kausalzusammenhang von Hitlers Auffassung und der Durchführung des Stellungsbaus bringen, können auch die Maßnahmen der Heeresgruppe hinsichtlich der Anlage der Großkampf-HKL nicht auf eventuelle Meinungsunterschiede bezüglich der taktischen Zweckmäßigkeit untersucht werden. Es steht lediglich fest, daß in der Weisung des Oberkommandos der Heeresgruppe A vom 26. November 1944 zum Ausdruck gebracht worden war, daß in der Großkampf-HKL »als Voraussetzung für jede weitere erfolgreiche Führung unter Einsatz der letzten Kraft verteidigt« werden müsse[141]. Gerade diese Anordnung weist darauf hin, daß man das Halten der Großkampflinie als entscheidend erachtete und dafür auch die Masse der taktischen Reserven einzusetzen gedachte. Es ist daher zulässig, daraus den Schluß zu ziehen, daß die Heeresgruppenführung offiziell die nachhaltige Verteidigung der Großkampf-HKL als erfolgversprechendes

139 Vgl. Kriegserfahrungen in der Verteidigung, S. 434 ff., mit ausführlichen Erläuterungen.

140 Guderian, S. 337.

141 S. Fußnote 131.

Konzept vertrat, wenn auch inoffiziell weniger starre Planungen erwogen wurden, über die noch zu berichten sein wird.
An taktischen Reserven hatten fast alle Divisionen der 9. und 17. Armee sowie der 4. Panzerarmee ein Bataillon, in vielen Fällen sogar ein Regiment, aus der Front gezogen und in einem Abstand von etwa 2 bis 10 km von der Front an den bedrohtesten Abschnitten bereitgestellt. Gerade das Herausziehen starker taktischer Reserven aus der HKL deutet auf die Absicht der Heeresgruppe und der Armeen hin, gegnerische Angriffe bereits vor beziehungsweise in der Großkampflinie aufzufangen. Die solcherart ziemlich linear und statisch geplante Verteidigung wies trotz der Anlage der Großkampflinie einen Mangel an Flexibilität auf, den auch die Existenz operativer Reserven nicht ausgleichen konnte.

b) Das Unternehmen »Schlittenfahrt«

Das Oberkommando der Heeresgruppe A hegte bis Anfang Dezember 1944 die Absicht, zusätzlich zu den bereits vorhandenen Reserven sechs Divisionen aus der Front zu ziehen und als Eingreifverbände bereitzustellen. Wegen der Verlängerung der Front in der Slowakei und der Abgabe von zwei Divisionen nach Ungarn – wogegen das OKH nur eine neue Division zur Verfügung gestellt hatte – mußte der Plan, die Abwehrschlacht unter Aufbietung möglichst starker Reserven auszufechten, aufgegeben werden. Es stand demnach die Befürchtung im Raum, daß die operativen Reserven vorzeitig zur Abwehr örtlicher Feindeinbrüche, die von den eigenen taktischen Reserven nicht mehr bereinigt werden konnten, zum Einsatz kommen mußten. Gerade eine solche Entwicklung wollte das Oberkommando der Heeresgruppe A unbedingt vermeiden, so daß man nach Alternativlösungen zu suchen begann. Ein sehr bemerkenswerter Vorschlag stammt vom Chef des Generalstabes der Heeresgruppe, Generalleutnant v. Xylander[142].
Die Überlegungen – Deckwort Unternehmen »Schlittenfahrt« – gingen von der Frage aus, wie dem weit überlegenen Gegner trotz der geringen eigenen Reserven wirksam begegnet oder

142 Abwehrschlacht, s. Fußnote 1.

sogar die Initiative entrissen werden könne. Der Verfasser untersuchte vorerst die Möglichkeiten eines Angriffes auf einen der bestehenden Brückenköpfe an der Weichsel, kam jedoch zum Ergebnis, daß eine solche Operation ein »hohes Maß an Angriffskräften« sowie sehr viel Munition erfordere, wobei außerdem mit einer sowjetischen Offensive aus den anderen, nicht bedrohten Brückenköpfen zu rechnen sei. Er zog den Schluß, daß nur ein überraschendes und weitreichendes eigenes Absetzen unmittelbar vor Beginn des sowjetischen Angriffes in Verbindung mit einer darauffolgenden Gegenoffensive aller Panzerverbände der Heeresgruppe auf einem vorher ausgesuchten Schlachtfeld die Chance gebe, die Initiative an sich zu reißen[143].

Der Generalstabschef der Heeresgruppe schlug daher eine Absetzbewegung in drei »Sprüngen« bis in die ungefähre Linie Warka – Pilica – Abschnitt bis Nowe Miasto – Przysucha – Rzucόw (nordwestlich von Szydłowiec) – Gorno (ostwärts von Kielce) – Szczucin vor; diese Linie führte auf den Generalstabskarten die Bezeichnung »Hubertus-Linie«. Im Nordabschnitt verlief die Stellung von der Weichsel bis Nowe Miasto entlang der Pilica, was eine relative Sicherheit gewährleisten sollte. Die »Hubertus-Linie« sollte die eigenen Stellungstruppen den ersten gegnerischen Angriffsschlägen entziehen und Handlungsfreiheit für den geplanten Aufmarsch der gepanzerten Reserven zur Gegenoffensive bieten (siehe Skizze 3).

Da man mit großer Wahrscheinlichkeit mit einem wuchtigen gegnerischen Angriff in den Raum nordwestlich von Radom rechnen zu müssen glaubte, sollten im Rahmen der 9. Armee zwei Offensivgruppen gebildet werden, die insgesamt 4 Panzerdivisionen, $1^1/_2$ Panzergrenadierdivisionen, 3 Infanteriedivisionen und schwere Unterstützungswaffen zu umfassen hätten. Die nördliche Angriffsgruppe (XXXX. Panzerkorps) sollte aus dem Raum um Białobrzegi, die südliche (XXIV. Panzerkorps) aus dem Raum nordwestlich von Szydłowiec den vorstoßenden Gegner durch eine Zangenbewegung einschließen und aufreiben[144]. Gegen die aus dem Baranów-Brückenkopf vorgehende Feindgruppe hätte sich die 4. Panzerarmee zu verteidigen, wobei

143 Abwehrschlacht, S. 3; vgl. E. Bauer, Der Panzerkrieg. Die wichtigsten Panzeroperationen des zweiten Weltkrieges in Europa und Afrika, Bd II: Der Zusammenbruch des Dritten Reiches, Bonn 1965, S. 235, zit. Bauer.

144 Abwehrschlacht, S. 3.

ein örtlich begrenztes Absetzmanöver vorgesehen war. Schließlich sollten nach der siegreichen »Schlacht bei Radom« die schnellen Verbände herausgelöst werden, während die Infanteriedivisionen eine Sehnenstellung zu besetzen hätten.

Obwohl der Generalstabschef der Heeresgruppe die mit diesem Vorschlag verbundenen Gefahren, zum Beispiel den mäßigen Ausbau der »Hubertus-Linie«, durchaus berücksichtigte, hielt er doch an einer großräumigen Absetzbewegung fest, da er diese als die einzig erfolgversprechende Alternativlösung zum offiziellen Abwehrplan der Heeresgruppe ansah. Maßgeblich blieb der Gedanke, die Durchbruchsvorbereitungen des Gegners fürs erste wirkungslos zu machen und gleichzeitig die Voraussetzungen für einen Gegenangriff der eigenen schnellen Verbände zu schaffen.

Analysiert man die vorgeschlagenen Maßnahmen, so sticht das Bemühen des Verfassers hervor, sich von der Auffassung Hitlers, den vorgezeichneten Verlauf der Heeresgruppenfront prinzipiell und nachhaltig zu verteidigen, zu distanzieren, um das Gesetz des Handelns nach Möglichkeit wieder an sich zu reißen. Außerdem lag dem Vorschlag die Überlegung zugrunde, daß die Weichsel infolge der Bildung einer Eisdecke nicht mehr das ursprünglich starke Hindernis darstelle und daher das Festhalten an den noch im eigenen Besitz befindlichen Weichsel-Abschnitten nicht mehr unbedingt notwendig sei; vielmehr müsse es darauf ankommen, auf die Dauer unhaltbare Frontvorsprünge, wie zum Beispiel den Abschnitt zwischen dem Baranów- und dem Puławy-Brückenkopf, rechtzeitig zu räumen und eine möglichst geradlinige rückwärtige Stellung zu beziehen, die der Kenntnis des Gegners entzogen wäre.

Wenn auch nicht offen ausgesprochen, so bezweifelte der dargelegte Vorschlag im stillen die Zweckmäßigkeit des offiziellen Konzepts, die Schlacht in der gegenwärtig gehaltenen Linie anzunehmen, da die Verteidigung der Großkampfzone auch bei noch so gewissenhaftem Ausbau mit den vorhandenen taktischen und operativen Reserven auf längere Sicht aussichtslos erschien. War dem Gegner einmal der Durchbruch durch die Großkampflinie geglückt und vermochten die bereitgestellten Reserven die sowjetischen Panzerverbände nicht zum Stehen zu bringen, so schien es äußerst fraglich, ob die Räumung der vorspringenden Frontbögen sowie das ordnungsgemäße Beziehen von rückwärtigen Stellungen noch Aussicht auf Erfolg hatten.

c) Weiterer Fortgang der Vorbereitungen

Der Gedanke eines relativ weiträumigen Absetzens der Heeresgruppe A spielte in der Folgezeit in der Führungsdiskussion eine erhebliche Rolle. So warf der Oberbefehlshaber der 9. Armee anläßlich einer Besprechung mit Generaloberst Harpe auf dem Gefechtsstand des Armeeoberkommandos 9 am 28. Dezember ein, daß die von der Heeresgruppenführung vorgeschlagene Absetzbewegung im Armeebereich erst nach der Räumung Warschaus zweckmäßig sei; erst durch diese Maßnahme, von der man jedoch annehmen konnte, daß sie auf Hitlers Ablehnung stoßen dürfte, werde eine elastische Kampfführung ermöglicht und eine radikale Frontverkürzung erzielt. Rücke der Gegner langsam und geschlossen den ausweichenden deutschen Verbänden nach, sei nichts als ein Zeitgewinn erreicht[145]. Andererseits vertrat der Oberbefehlshaber der 9. Armee, General der Panzertruppe Smilo Frhr. v. Lüttwitz, in einer nachträglichen Niederschrift die Ansicht, eine Zurücknahme seiner Armeefront um etwa 20 bis 30 km, die er für ausreichend hielt, genüge, um die monatelangen sowjetischen Angriffsvorbereitungen fürs erste zunichte zu machen[146].

Im engen Zusammenhang mit dem Unternehmen »Schlittenfahrt« stand die geplante zeitgerechte Rückführung aller nicht benötigten Ausrüstungs- und Versorgungsgüter zwischen dem Baranów- und dem Warka-Brückenkopf (Unternehmen »Entlausung«). Mit dieser Räumungsaktion sollten die 9. Armee und die 4. Panzerarmee von allem für die vorgesehene Absetzbewegung nicht notwendigen Ballast befreit werden; es waren zwei Dringlichkeitsstufen geplant, wobei die erste Phase bis zum 9. Januar beendet sein sollte[147]. Hinsichtlich der Dringlichkeit des Stellungsausbaus sollte das Armeeoberkommando 17 den »Nordriegel« bis zur Weichsel verstärken, während das Oberkommando der 4. Panzerarmee das Hauptaugenmerk auf die Großkampf-HKL bei der 304. Infanteriedivision bis Stopnica

145 KTB AOK 9 (1. 12.–31. 12. 1944), S. 309, Eintragung vom 28. 12. 1944 (BA-MA, 64 802/1).

146 S. Frhr. v. Lüttwitz, Der Kampf der 9. Armee vom 21. 9. 1944 bis 20. Januar 1945, Niederschrift vom 11. 7. 1948, Teil II, S. 36 (BA-MA, N 10/6), zit. Lüttwitz, 9. Armee.

147 Ob.Kdo. der HGr. A, Beilage zum KTB vom 1. 11. 1945: Unternehmen Entlausung, in: BA-MA, RH 19 VI/4.

legen sollte. Daneben waren die »Irene«-, die »Hubertus«- und die »Puma«-Stellung auszubauen.

Ein weiterer Gedankenaustausch über die Notwendigkeit eines weiträumigen Ausweichmanövers kam am 29. Dezember anläßlich eines Besuches der Generalstabschefs der Heeresgruppe beim OKH zustande. Dabei wurde das Unternehmen »Schlittenfahrt« als die am ehesten erfolgversprechende Lösung erachtet; da man aber des Widerspruchs von Hitler sicher zu sein meinte, erwog man die Möglichkeit, die geplante Absetzbewegung erst am Abend des ersten Angriffstages durchzuführen[148].

Den Höhepunkt und Abschluß der Diskussion um die zu ergreifenden Maßnahmen der Heeresgruppe stellte der Aufenthalt Generaloberst Guderians im Hauptquartier der Heeresgruppe A in Krakau am 7. Januar dar[149]. Guderian hatte zu diesem Zeitpunkt mehrere dramatische Auseinandersetzungen mit Hitler und Generaloberst Jodl hinter sich (24. und 31. Dezember 1944, 1. Januar 1945). Er hatte dabei am Weihnachtsabend anhand von detaillierten Unterlagen den beängstigenden Umfang des sowjetischen Aufmarsches erläutert, wobei allein im Baranów-Brückenkopf 60 Schützenverbände, 8 Panzerkorps, 1 Kavalleriekorps und 6 weitere Panzerverbände angenommen worden waren. Guderian hatte wiederum die Räumung Kurlands sowie die Zuführung von Kräften aus dem Westen und aus Norwegen gefordert, damit ein einheitliches Abwehrschwergewicht an der Ostfront mit der Bildung einer Reserve-Armee im Raum Litzmannstadt (Łódź)–Hohensalza geschaffen werden könne. Hitler war auf die Ausführung des Generalstabschefs mit ziemlicher Skepsis und Ablehnung eingegangen und soll hinsichtlich des sowjetischen Aufmarsches den Ausruf getan haben, daß es sich hierbei um den »größten Bluff seit Dschingis Khan« handle[150]. Unter solchen Umständen hatte Guderian nur mehr die Möglichkeit gesehen, mit den betroffenen Heeresgruppen an Ort und Stelle die Lage zu besprechen.

Die Konferenz in Krakau brachte dabei nochmals alle schwachen Stellen der Heeresgruppe zur Sprache, wobei der Oberbefehlshaber mit besonderem Nachdruck auf das ungünstige Kräftever-

148 Besprechung Chef der HGr. A bei OKH am 29. 12. 1944, Niederschrift vom 3. 1. 1945, ebd.

149 Guderian, S. 350 f.

150 Ebd., S. 347 ff.

hältnis aufmerksam machte[151]. Neben der angespannten Versorgungslage wurde auf die Schwäche der Sicherheitsbesatzungen in den rückwärtigen Stellungen im Hinblick auf das durch Partisanen gefährdete Hinterland der Heeresgruppe hingewiesen.

Der Generalstabschef der Heeresgruppe hob weiter hervor, daß die Heeresgruppe auf einer Frontbreite von 780 km 31 Divisionen in der Front und 5,5 schnelle Divisionen in Reserve eingesetzt habe; das ergebe einen Durchschnitt der Abschnittsbreiten von 24 km je Division[152], während die Heeresgruppe Mitte einen Durchschnitt von 16 km und die Heeresgruppe Nord einen solchen von 8,5 km je Division aufweise. Bei den ohnehin schon überdehnten Divisionsbreiten sei eine Herauslösung von weiteren Infanteriedivisionen zur Schaffung einer infanteristischen Reserve undenkbar. Abschließend wies Generalleutnant v. Xylander erneut auf die Möglichkeit des Unternehmens »Schlittenfahrt« hin, während Generaloberst Guderian betonte, daß die Heeresgruppe mit ihren eigenen Reserven auskommen müsse, da alle noch verfügbaren Kräfte nach Ungarn verlegt worden seien, um zunächst die Schlacht um Budapest zu einem erfolgreichen Ende zu führen[153].

Diese für beide Seiten entmutigende Bestandsaufnahme brachte keine neuen Aspekte für das Abwehrdispositiv. Guderian hielt nach seiner Rückkehr Hitler nochmals am 9. Januar Vortrag, wobei er eindringlich auf die eklatante Unterlegenheit der eigenen Kräfte verwies. Trotzdem lehnte Hitler die Vorschläge für eine Frontverkürzung durch begrenztes Ausweichen ab. Die Reserven an schnellen Verbänden zwischen der Memel und den Karpaten blieben auf 12,5 zum Teil nicht voll kampfkräftige Divisionen beschränkt[154].

Als Ergebnis der operativen Vorbereitungen sei festgehalten, daß die Heeresgruppe A keine andere Wahl hatte, als die Abwehrschlacht in der bisherigen Aufstellung anzunehmen, womit die Chancen für einen Abwehrerfolg von Haus aus als gering einzuschätzen waren.

151 Ob.Kdo. der HGr. A, Abt. Ia: Aktennotiz für das KTB anläßlich der Anwesenheit des Generaloberst Guderian in Krakau am 7. 1. 1945, in: BA-MA, RH 19 VI/4, S. 1, zit. Aktennotiz für das KTB.

152 Setzt man 31 Divisionen zu 780 km in Relation, ergeben sich tatsächlich etwas mehr als 25 km pro Division.

153 Aktennotiz für das KTB, S. 2 f.; vgl. Anl. 2.

154 Guderian, S. 351; s. auch Warlimont, S. 529 f.

Auch auf dem Waffen- und Ausrüstungssektor hatte die Heeresgruppe A trotz verschiedener Anstrengungen nur ein bescheidenes Potential im Vergleich zur sowjetischen rüstungsmäßigen Überlegenheit aufzubieten. Anfang Januar 1945 besaßen die vier Armeen insgesamt 1816 Artilleriegeschütze, 318 einsatzbereite Panzer, 616 einsatzbereite Sturmgeschütze und Jagdpanzer sowie 793 Panzerabwehrgeschütze[155]. Das Schwergewicht an schweren Waffen lag hierbei im Abschnitt der 4. Panzerarmee, die über 596 Geschütze sowie über 474 Panzer und Sturmgeschütze bei einer Frontlänge von 187 km verfügte. Demgegenüber besaß die 9. Armee bei einer Frontlänge von 222 km nur 586 Geschütze sowie 323 Panzer und Sturmgeschütze[156].

Bei der Ausstattung der Panzer- und Panzergrenadierdivisionen in dieser Phase des Krieges hatte sich das Schwergewicht deutlich von den Kampfpanzern zu den Sturmgeschützen beziehungsweise Jagdpanzern verlagert. So betrug die Fertigung an Kampfpanzern im Jahre 1944 insgesamt 7908 Stück, während die Produktion an Sturmgeschützen, Jagdpanzern und Panzerjägern auf Selbstfahrlafetten 8885 Fahrzeuge ausmachte[157]. Der Organisationsplan der »Panzerdivision 1944« wies bei einem Personalstand von 13 213 Mann 165 Kampf-, Fla- und Bergepanzer, 288 Schützen- und 22 Jagdpanzer sowie 16 Spähpanzer auf, was im Gegensatz zur strategischen Lage noch immer eine Betonung der Offensivwaffen bedeutete. Erst die Umgliederung zur »Panzerdivision 1945« sollte einen Wandel schaffen, kam aber infolge des Kriegsendes nur in Ansätzen zur Durchführung.

Im Rahmen der Heerestruppen waren 1944/45 an Jagdpanzern beziehungsweise Sturmgeschützen vorgesehen:

155 S. Anl. 4.

156 Ebd. – Widersprüche zu den angeführten Angaben ergeben sich aus: Ob. Kdo. der HGr. A, Abt. Ic/AO, Br.B. Nr. 20/45 g.Kdos. vom 3. 1. 1945: Gegenüberstellung der feindlichen und eigenen Panzerkräfte – Stand 1. 1. 1945, in: BA-MA, RH 19 VI/4.
Die Gesamtzahl an Kampfpanzern, Sturmgeschützen und Jagdpanzern der Heeresgruppe betrug nach dieser Berechnung 1 027, somit 93 Fahrzeuge mehr als im oben angeführten Nachweis der Kampfkraft vom 1. 1. 1945. Ob der Widerspruch eventuell aufgrund von Bewertungsunterschieden in der Einsatzbereitschaft entstanden ist, konnte den Akten nicht entnommen werden.

157 F. Wiener, Panzertruppen in der Abwehr. Letzte Kriegserfahrungen und Planungen des deutschen Heeres 1944/45, in: ÖMZ, 1964, H. 4, S. 239–243, hier S. 240.

a) in der Armee: 1 schwere Panzerjägerabteilung (45 »Jagdpanther«)
b) im Armeekorps: 1 Sturmgeschützbrigade (45 Geschütze)
c) in der Panzer- und Panzergrenadierdivision: 2 Jagdpanzerkompanien (insgesamt 20 Jagdpanzer IV)
d) in der Infanteriedivision: 1 Jagdpanzerkompanie (14 Jagdpanzer 38t »Hetzer«)[158].

Aus diesen Aufstellungen geht hervor, daß gerade die Infanterie- und Volksgrenadierdivisionen sowie die Korps- und Armeetruppen mit den so wichtigen Jagdpanzern und Sturmgeschützen relativ spärlich ausgestattet waren.

d) Die Ausgangslage

Im Stellungssystem des Bereichs der Heeresgruppe A stellte die a-1-Linie die wichtigste Stellung im rückwärtigen Heeresgebiet dar, hinter der die b-1-Stellung als Vorfeldschutz des oberschlesischen Industriegebietes und des Warthelandes verlief (siehe Skizze 3). Die a-1-Linie folgte dem ungefähren Verlauf Tarnów – Nida – Przedbórz – Tomaszów – Pilica-Abschnitt – Rawa Mazowiecka – Skierniewice – Sochaczew – Wyszogród a. d. Weichsel[159]. Zur Verstärkung der Verteidigungslinie waren an einzelnen Stellen sogenannte »Schwerpunkt-Abschnitte« mit »Sperrlinien« eingerichtet worden.

Die b-1-Linie verlief westlich von Krakau – westlich von Wolbrom – östlich von Tschenstochau – Sieradz (Schieratz) – Warthe-Abschnitt – Brückenkopf Koło – nördlich von Konin – Thorn – Bromberg – Graudenz. Wenn auch der Ausbaustand und die Tiefenstaffelung des Stellungssystems den Armeen einen gewissen Rückhalt zu gewähren schien, so darf nicht vergessen werden, daß die Stärke der Sicherheitsbesatzungen, gemessen an der Stellungsausdehnung völlig unzureichend war. Insgesamt verfügte die Heeresgruppe A am 1. Januar 1945 über 65 Sicherungsbataillone, davon 16 landeseigene Bataillone, wovon im Befehlsbereich des Generalgouvernements nur 6 Battaillone zur

158 Ebd., S. 240 f.; vgl. Kriegserfahrungen in der Verteidigung, S. 439 f.

159 Gemäß Ob.Kdo. der HGr. A, Lagekarte, Stand 11. 1. 1945, in: BA-MA, 80/46; zum Verlauf der a-1-Linie sei vermerkt, daß sie nördlich von Przedbórz in die a-2-Linie überging.

Sicherung der a-1-Linie eingesetzt waren. Alle übrigen Bataillone hatten Aufgaben an der Front, im Streckenschutz, in der Objektsicherung oder in der Partisanenbekämpfung zu erfüllen[160].

Die Stärke der Heeresgruppe A änderte sich bis zum 11. Januar, dem Vorabend des sowjetischen Angriffes aus dem Baranów-Brückenkopf, nur unwesentlich. Insgesamt hatten die 4 Armeen (ohne ungarische Verbände) 30 Infanterie-, Jäger- und Volksgrenadierdivisionen sowie 2 Brigaden in der Front eingesetzt, während sich 1 Infanteriedivision (344.) in frontnaher Auffrischung bei der 17. Armee und 1 Sicherungsdivision (391.) im Hinterland der 9. Armee befanden; weiter standen 4 Panzer-, 1 Panzergrenadierdivision sowie eine gepanzerte Kampfgruppe in Brigadestärke (10. Panzergrenadierdivision) als Reserven zum Gegenangriff bereit[161].

Im Bereich zwischen der nördlichen Heeresgruppengrenze und dem Wisłoka-Abschnitt östlich Tarnów, wo man den sowjetischen Hauptangriff erwartete, standen nur 25 Divisionen (darunter 1 Kampfgruppe) und 2 Brigaden an der Front, im Hinterland und als Reserven zur Verfügung. Insgesamt hatte die Heeresgruppe im Hinblick auf Ausbildung, Stellungsbau und die taktisch-operative Planung eine beachtenswerte Leistung vollbracht, wenn auch die Bindung an den vorgegebenen Frontverlauf eine elastische und hinhaltende Kampfführung unter Einbeziehung des tiefgestaffelten Stellungssystems so gut wie ausschloß.

3. Der sowjetische Aufmarsch

a) Planung und Vorbereitung

Die Durchführung der sowjetischen Großoffensive zwischen Warschau und den Karpaten lag in den Händen der 1. Weißrussischen und der 1. Ukrainischen Front, während südlich von

160 Ob.Kdo. der HGr. A, Abt. Ia, Nr. 92 g.Kdos. vom 3. 1. 1945: Im Heeresgruppenbereich eingesetzte Sicherungskräfte, Stand 1. 1. 1945, in: BA-MA, RH 19 VI/4.

161 Gemäß Ob.Kdo. der HGr. A, Lagekarte, Stand 11. 1. 1945, in: BA-MA, 80/46.

Tarnów auch Teilkräfte der 4. Ukrainischen Front (38. Armee) zum Einsatz gelangten (siehe Umschlagskizze). Nach den Plänen des sowjetischen Oberkommandos, die Ende Oktober 1944 ausgearbeitet wurden und an denen Marschall Žukov erheblichen Anteil hatte, sollte die 1. Weißrussische Front den Hauptstoß über Posen auf Berlin führen; als Aufmarschbasen kamen dabei nur der Warka- und Puławy-Brückenkopf in Frage, da man von einem frontalen Angriff über die Weichsel beiderseits von Warschau Abstand nahm.

Gleichzeitig sollte die 1. Ukrainische Front unter Marschall Konëv aus dem Baranów-Brückenkopf und südlich der Weichsel vorbrechen, im Zusammenwirken mit dem nördlichen Nachbarn den Gegner im Raum von Kielce und Radom aufreiben und hierauf in Richtung Breslau vorstoßen[162].

In Zusammenarbeit mit dem Generalstab des Hauptquartiers schloß Žukov die grundlegende Planungsarbeit Anfang November ab und erstattete hierauf Stalin über die wichtigsten Ergebnisse Bericht. Interessanterweise tauchten im Zuge dieser Besprechung Differenzen zwischen Stalin und dem Generalstab auf, da sich Stalin dem Vorschlag nach Verstärkung der gegen das südliche Ostpreußen gerichteten 2. Weißrussischen Front (Marschall Rokossovskij) widersetzte. Gerade die Ablehnung dieses Vorschlages kam in der späteren Diskussion wieder zum Vorschein, wobei Žukov ins Treffen führte, daß die Haltung Stalins das mögliche schnelle Vordringen der 2. Weißrussischen Front gegen Ostpreußen und Pommern verhindert habe[163].

Am 16. November erhielt Žukov seine Ernennung zum Oberbefehlshaber der 1. Weißrussischen Front. Im Zuge der Vorbereitungen wurde ein detailliertes Planspiel abgehalten, aus dem hervorging, daß der stellvertretende Befehlshaber der Front für Nachschub und Versorgung vor besonders komplizierten Aufgaben stand[164]. So waren allein im Warka-Brückenkopf auf zirka 240 Quadratkilometern etwa 400 000 Mann, über 8700

162 Geschichte, Bd 5, S. 69–72; zum Vergleich: G. K. Schukow, Erinnerungen und Gedanken, Stuttgart 1969, S. 550–552, zit. Schukow.

163 Ebd., S. 548.

164 Nach sowjetischen Angaben erhielt die 1. Weißrussische Front in der Vorbereitungszeit 1 259 Züge und mittels Kraftwagentransports im November und Dezember 1944 923 000 t Güter und 100 290 Mann zugeführt (Geschichte, Bd 5, S. 76).

Geschütze und Granatwerfer sowie rund 1700 Panzer und Selbstfahrlafetten bereitgestellt, die einer ausreichenden Versorgung bedurften[165]. So mußten zum Beispiel im Baranów-Brückenkopf 11 Brücken und Übersetzstellen über die Weichsel gebaut werden; an Munition konnten die beiden Fronten bei Angriffsbeginn über 3 bis 4 Tagessätze verfügen[166].

Das Angriffsdispositiv bei beiden Fronten sah so aus[167]:

1. Weißrussische Front (unterstützt durch 16. Luftarmee)

nördlich von Warschau:	47. Armee
südlich von Warschau:	1. Polnische Armee
Warka-Brückenkopf:	61. Armee
	5. Stoß-Armee
	8. Garde-Armee
	3. Stoß-Armee (2. Staffel)
	1. Garde-Panzerarmee
	2. Garde-Panzerarmee
	2. Garde-Kavalleriekorps
Puławy-Brückenkopf:	69. Armee
	33. Armee
	11. Panzerkorps
	7. Garde-Kavalleriekorps (Reserve)
	9. Panzerkorps

1. Ukrainische Front (unterstützt durch 2. Luftarmee)

nördlich von Sandomierz:	6. Armee
Baranów-Brückenkopf:	3. Garde-Armee
	13. Armee
	52. Armee
	5. Garde-Armee
	4. Panzerarmee
	3. Garde-Panzerarmee
	59. Armee } (2. Staffel)
	21. Armee } (2. Staffel)
	25. Panzerkorps

165 Ebd., S. 73.

166 Ebd., S. 76 f.

167 Geschichte, Kartenband, Bl. 91. – Zum Vergleich sei angeführt, daß der OB der 9. Armee die Stärke der 1. Weißrussischen Front am 14. 1. wie folgt angab: 6 Armeen mit 56 Schütz.Div., 2 Pz.Armeen, 2 selbständige Pz.Korps, 2 selbständige Kav.Korps und zahlreiche selbständige Pz.Brigaden (Lüttwitz, 9. Armee, S. 39).

zur Unterstützung:	7. Garde-MechKorps (Reserve)
	4. Garde-Panzerkorps
	1. Garde-Kavalleriekorps (Reserve)
	31. Panzerkorps
südlich der Weichsel:	60. Armee

Die 1. Weißrussische Front beabsichtigte, mit 3 Armeen, 2 Panzerarmeen und 1 Kavalleriekorps in der ersten Staffel sowie mit 1 Armee in der zweiten Staffel den Hauptangriff aus dem Warka-Brückenkopf auf einer Frontbreite von nur 17 km zu führen.

Während etwa die Hälfte der Verbände in Richtung Nordwesten vorstoßen sollte, um den deutschen Kräften bei Warschau in Flanke und Rücken zu fallen, hatte die andere Hälfte zügig den Vorstoß auf Kutno–Posen durchzuführen, wobei für die mechanisierten Truppen ein durchschnittliches Angriffstempo von 40 km pro Tag angestrebt wurde[168].

Den Nebenangriff aus dem Puławy-Brückenkopf sollten 2 Armeen und 2 Panzerkorps auf einem 13 km breiten Abschnitt führen, in allgemein westlicher Richtung auf Łódź vorgehen und Teilkräfte zur Umfassung der deutschen Verbände bei Kielce ansetzen, wobei auf das Zusammenwirken mit dem Nordflügel der 1. Ukrainischen Front gebaut werden durfte. Nördlich von Warschau sollte die 47. Armee mit Teilen der 1. Polnischen Armee mit dem Schwergewicht nach Südwesten angreifen, um an der angestrebten Einschließung des Raumes von Warschau mitzuwirken.

Die 1. Ukrainische Front plante, auf einem 39 km breiten Abschnitt mit 3 Armeen, Teilen von 2 weiteren Armeen sowie 2 Panzerarmeen und 3 Panzerkorps in Richtung auf Tschenstochau – Radomsko – Breslau anzugreifen, während Teilkräfte nach Nordwesten vorstoßen sollten, um sich mit dem Südflügel der 1. Weißrussischen Front im Raum von Łódź zu vereinigen; 2 Armeen waren zum Einsatz in der 2. Staffel der Angriffskräfte bestimmt. Zur Unterstützung dieses Angriffes sollte die 38. Armee der 4. Ukrainischen Front einen Offensivstoß aus dem Raum

168 Geschichte, Bd 5, S. 71.

von Krosno in westlicher Richtung südlich an Krakau vorbei unternehmen[169].

Im Durchbruchsabschnitt des Baranów-Brückenkopfes wurde eine Artilleriekonzentration von 220 Geschützen pro Kilometer (6 Artilleriedivisionen) erreicht, während die 1. Weißrussische Front in ihren Schwergewichtsabschnitten mindestens 240 Geschütze pro Frontkilometer (4 Artilleriedivisionen) zum Einsatz bringen sollte. Nach sowjetischen Angaben sollen somit in den Schwergewichtsräumen schließlich 230 bis 250 Geschütze pro Kilometer bereitgestellt worden sein[170].

Die Gesamtstärke der Angriffsverbände beider Fronten bot ein eindrucksvolles Bild: Insgesamt standen nach sowjetischen Angaben 16 Armeen, 4 Panzerarmeen sowie 9 selbständige Panzer-, Kavallerie- beziehungsweise MechKorps bereit, die über 163 Divisionen, 32 143 Geschütze und schwere Granatwerfer, 6460 Panzer und Selbstfahrlafetten (Sturmgeschütze) sowie 4772 Flugzeuge bei einer Gesamtmannschaftsstärke von 2,2 Millionen Mann verfügten[171]. Die bereits generell vorhandene sowjetische Überlegenheit wurde an den Durchbruchsabschnitten gegenüber den Verteidigern auf das neunfache bei der Infanterie, auf das neun- bis zehnfache bei der Artillerie und auf das zehnfache bei der Panzertruppe gesteigert[172].

Die Notwendigkeit, starke Angriffskräfte auf engem Raum zu massieren, bewirkte eine ausgesprochene Tiefenstaffelung der betroffenen Verbände. Im allgemeinen kam es zu einer Gliederung in 2 Staffeln bei den Armeen, Korps, Divisionen und Regimentern, wenn auch manchmal 3 Staffeln anzutreffen waren. In der Praxis führte dies dazu, daß zum Beispiel die Schützendivision 2 Regimenter auf engem Raum als erste Staffel angreifen ließ, die durch 2 »Regimentsartillerie-Gruppen« unterstützt wurden; auf unmittelbare Zusammenarbeit mit den Sturmregimentern war eine »Panzergruppe« etwa in der Stärke

169 Ebd., S. 72 f. Zum Truppenaufmarsch sei angemerkt, daß u. a. 2 Armeen der 1. bzw. 2. Baltischen Front der 1. Weißrussischen Front zugeführt wurden, was das sowjetische Streben, die Kräfte an der Hauptfront durch Schwächung der Nebenfronten möglichst zu verstärken, unterstreicht.

170 Ebd., S. 73.

171 Ebd., S. 68.

172 Ebd., S. 73. – Der deutsche Chef GenStdH rechnete hingegen mit folgenden Überlegenheitsquoten: Infanterie 11:1, Artillerie 20:1, Panzer 7:1 (Guderian, S. 346).

eines Panzerbataillons angewiesen, während das 3. Schützenregiment der Division dahinter die 2. Staffel der Angriffskräfte bildete. Als artilleristisches Schwergewichtselement stand eine »Divisionsartillerie-Gruppe« zur Verfügung. An Heeresartillerie wurden den Armeen und Korps fallweise »Artilleriedivisionen beziehungsweise Artilleriekorps des Durchbruchs« zugeteilt. Im Durchschnitt waren an Durchbruchsabschnitten auf einem Frontkilometer etwa 6–8 Schützenbataillone und 20–30 Panzer beziehungsweise Sturmgeschütze versammelt[173].

Bei dieser Angriffsgliederung fällt die außerordentliche Tiefenstaffelung bereits auf Divisionsebene auf. Daß die Korps und Armeen ihrerseits rund ein Drittel der Kräfte als 2. Staffel zurückbehielten, mag die Dichte der sowjetischen Massierung in den Durchbruchsräumen veranschaulichen. Die Zuteilung von selbständigen Panzer- oder Sturmgeschützbrigaden beziehungsweise -regimentern an die Armeen der 1. Staffel sollte die Schützendivisionen zum Durchbruch durch das taktische Verteidigungssystem des Gegners, das heißt durch die »Großkampf-HKL«, befähigen; die Ausweitung des Durchbruchs in die Tiefe des Raumes und die Ausschaltung der gegnerischen operativen Reserven sollten die bereitgehaltenen Panzer- und MechKorps beziehungsweise die Panzerarmeen bewerkstelligen, die erst auf Befehl des Frontoberkommandos in die Durchbruchsräume nachgeführt werden durften. Auf diese Weise wollte man einen vorzeitigen Einsatz der operativen Panzerverbände vermeiden, die vor allem die Wucht des Angriffsstoßes in die Tiefe des feindlichen Hinterlandes tragen und das Beziehen einer rückwärtigen Auffangstellung durch den Gegner vereiteln sollten[174].

Man erkennt daraus, daß der sowjetische Plan mit dem deutschen Konzept bezüglich der Verwendung der operativen Panzerverbände ziemlich konform ging: Beide Seiten wollten ver-

173 S. Koslow, Zur Entstehung der operativen Kunst, in: ÖMZ, 1972, H. 2, S. 92–95, hier S. 94. Vgl. auch: Die sowjetischen Panzertruppen 1944/45, in: Gefechtsbeispiele aus dem Zweiten Weltkrieg, hrsg. von der Arbeitsgemeinschaft Truppendienst, Wien 1971 (= Truppendienst-Taschenbuch, Bd 16), S. 249–258, zit. Die sowjetischen Panzertruppen; P. Gosztony, Die Rote Armee 1943–1945. Einige Fragen zur Entwicklung und Organisation, in: ÖMZ, 1972, H. 2, S. 95–102.

174 Schukow, S. 552 f.; vgl. Kriegserfahrungen in der Verteidigung, S. 433 ff.

meiden, daß die für den entscheidenen Kampf bestimmten Verbände in taktische Aktionen verwickelt und somit zur Unzeit auf dem Gefechtsfeld festgelegt würden. Daß der Angreifer einer solchen Gefahr aufgrund seiner enormen numerischen Überlegenheit leichter begegnen konnte, braucht nicht eigens hervorgehoben zu werden.

Beim sowjetischen Durchbruchsverfahren waren im Vergleich zu den Kriegsjahren 1941 und 1942 bedeutende Neuerungen eingeführt worden, die vor allem auf der durchdachten und reibungslosen Zusammenarbeit zwischen Panzertruppe, Infanterie und Artillerie beruhten. Griffen 1941/42 die Sowjets meistens wellenweise in Form von Massenstürmen an, bei denen sowohl Panzer als auch Infanterie in frontalem Stoß auf eigene Faust zum Ziel zu gelangen suchten, so hatte seit der Wende von Stalingrad eine zunehmende Koordinierung der Waffengattungen bei Offensivoperationen eingesetzt. Nicht zuletzt trugen die ungeheuren sowjetischen Verluste der ersten beiden Kriegsjahre (allein 1941 über 3,35 Millionen Mann an Gefangenen) dazu bei, daß der sowjetische Generalstab auf ausdrücklichen Befehl Stalins[175] eine kräftesparende und einfallsreiche Taktik der verbundenen Waffen bei Durchbruchsangriffen zu entwickeln begann, die im Verlauf des Krieges den veränderten Gegebenheiten angepaßt und öfter modifiziert wurde.

Insbesonders maß man der unmittelbaren Unterstützung der angreifenden Infanterie durch Begleitpanzer und Sturmgeschütze sowie dem rechtzeitigen Nachziehen der Angriffsartillerie entscheidende Bedeutung zu, während man die Bekämpfung der Feindpanzer vor allem der Panzerabwehrartillerie zuordnete; gleichzeitig sollte dadurch ein verlustreicher Kampf Panzer gegen Panzer vermieden werden: »Beim Erscheinen von Feindpanzern sind diese grundsätzlich von der Artillerie zu bekämpfen. Die eigenen Panzer greifen in diese Kämpfe lediglich ein bei einwandfreier Überlegenheit der eigenen Kräfte und in besonders günstigen Lagen[176].«

In der letzten Kriegsphase wurden auch besonders ausgebildete

175 Anlage 4 zu Einzelnachrichten des Ic-Dienstes Ost Nr. 4 vom 24. 11. 1942: Befehl des Verteidigungskommissars der UdSSR Nr. 325, Moskau, 16. 10. 1942, deutsche Übersetzung, in: BA-MA, DV-RH 455.

176 Ebd., S. 3.

und ausgerüstete »Sturmbataillone«[177] aufgestellt, die den ersten Einbruch in befestigte Stellungen erzwingen sollten. Zur Unterstützung der Infanterie in Durchbruchsabschnitten schuf man Ende 1944 »schwere Panzerbrigaden« und Sturmgeschützbrigaden, die auf unmittelbare Zusammenarbeit mit den Schützenbataillonen der 1. Linie angewiesen waren[178].
Auf jeden Fall wollte man ein schematisches und verlustreiches Vorwärtsstürmen unterbinden, das lange Zeit hindurch der deutschen Seite das Bewußtsein führungstechnischer und taktischer Überlegenheit vermittelt hatte.

b) Die Ergebnisse der deutschen Feindaufklärung

Zum Abschluß dieses Abschnittes sei auf den Stand der sowjetischen Angriffsvorbereitungen unmittelbar vor Beginn der Offensive aus der Sicht der deutschen Feindaufklärung eingegangen. In der bereits erwähnten Gegenüberstellung der feindlichen und eigenen Panzerkräfte (Stand 1. Januar 1945) nahm die Abteilung Ic/AO der Heeresgruppe A vor der 4. Panzerarmee 1115 sowjetische Panzer und 445 Selbstfahrlafetten sowie vor der 9. Armee 1300 Panzer und 420 Selbstfahrlafetten an[179]. Die Panzerstärken der sowjetischen Verbände vor der 17. Armee sollen aus Vergleichsgründen unberücksichtigt bleiben[180]. Mit den im Hinterland der sowjetischen Fronten vermuteten Beständen soll die Stärke an Panzern und Sturmgeschützen bei der 1. Weißrussischen und 1. Ukrainischen Front somit 3390 Fahrzeuge betragen haben.
Zu einem ähnlichen Ergebnis kommt die Abteilung Fremde Heere Ost am 8. Januar 1945, die vor der Front der Heeresgruppe A folgende Kräfte vermutete[181]:

177 Geschichte, Bd 5, S. 75.

178 Ebd., S. 52.

179 Ob.Kdo. der HGr. A, Abt. Ic/AO, Br.B. Nr. 20/45 g.Kdos. vom 3. 1. 1945, in: BA-MA, RH 19 VI/4. Die am Schluß der Berechnung angeführte Bemerkung weist jedoch darauf hin, daß die Angaben mangels verläßlicher Unterlagen auf Schätzungen beruhen.

180 Die betreffenden Stärken betrugen 135 Panzer und 40 Selbstfahrlafetten, ebd.

181 S. Anl. 7.

Verbände	in Front:	in Reserve:
Schützendivisionen	59	55
Schützenbrigaden	2	20
Kavalleriedivisionen	4	6
Panzerbrigaden	2	40
Panzerregimenter	1	31
Sturmgeschützregimenter	3	48

Gesamtbestand an Panzern und Sturmgeschützen: rund 3600

Die Gesamtstärke der sowjetischen Panzer und Sturmgeschütze an der gesamten Ostfront wurde in der vorliegenden Aufstellung außerdem mit etwa 7200 Fahrzeugen angegeben. Vergleicht man nun diese Berechnungen mit den tatsächlich bei der 1. Weißrussischen und 1. Ukrainischen Front vorhandenen 6460 Panzern und Selbstfahrlafetten, so kann noch immer eine auffallende Unterschätzung des sowjetischen Angriffspotentials festgestellt werden. Hingegen kommt eine *nach* Offensivbeginn zusammengestellte Feindstärkeberechnung den Tatsachen viel näher: Demnach soll die 1. Weißrussische Front am 11. Januar 1945 über 63 Schützendivisionen, 1940 Panzer und 630 Sturmgeschütze verfügt haben, während die 1. Ukrainische Front 67 Schützendivisionen, 2350 Panzer und 730 Sturmgeschütze ins Treffen geführt habe[182]. Die angenommene Gesamtzahl von 5650 Kampffahrzeugen stellte ein relativ gutes Schätzungsergebnis dar, wenn es auch – nachträglich – dem tatsächlichen Kräfteaufwand nicht ganz entsprach.

Bei der erstaunlich hohen Zahl der sowjetischen Panzer sollte auch in Betracht gezogen werden, daß der Angreifer mit einem schwer zu durchbrechenden deutschen Verteidigungssystem und daher mit hohen Verlusten rechnete. Außerdem mußten neben dem Ersatz der erwarteten Ausfälle genügend frische Panzerverbände bereit gehalten werden, um den Vormarsch in der Tiefe des Raumes im Fluß zu halten und den Materialverschleiß infolge der Gelände- und Witterungsverhältnisse zu decken.

182 Ob.Kdo. der HGr. Mitte, Abt. Ic, geh.Kdos. Nr. 267/45 (Lagekarte), Tatsächliche Feindlage vor Angriffsbeginn am 11. 1. 45, in: BA-MA, RH 19 II/310 K; unter Einbeziehung der 4. Ukrainischen Front berechnete man die Stärke der drei sowjetischen Fronten auf 169 Schütz.Div. und 5 885 Panzer und Sturmgeschütze.

Bisherige Erfahrungen hatten der sowjetischen Führung gezeigt, daß gerade bei weitreichenden Operationen und schlechten Bodenverhältnissen unverhältnismäßig hohe Panzerausfälle auftraten; so verringerten sich die 580 Kampfwagen, die den 3 Panzerarmeen der 2. Ukrainischen Front am 4. März 1944 zur Verfügung standen, im Zuge ihres Vormarsches in Richtung Kišinëv bis zum 25./26. März 1944 auf nur mehr 110 Fahrzeuge[183]. In dieser Hinsicht sprachen deutsche und sowjetische Erfahrungen dem Panzer das Attribut eines »Verbrauchgerätes« zu. Die Angriffskämpfe im Rahmen der Weichsel-Oder-Operation 1945 sollten diese Tatsache erhärten.

Zur Frage der Wahl des Angriffstermines sei abschließend angemerkt, daß die deutsche Führung die sowjetische Offensive in der ersten Januarhälfte erwartete; Gefangenenaussagen ließen auf den Zeitabschnitt zwischen dem 11. und 16. Januar schließen[184], während Guderian nach eigenen Angaben mit dem 12. Januar als Angriffstermin rechnete[185]. Von sowjetischer Seite wird angeführt, daß die Angriffsvorbereitungen in der Zeit vom 15. bis 20. Januar abzuschließen gewesen seien[186].

Es soll jedoch darauf hingewiesen werden, daß die Bitten der westlichen Alliierten zur Zeit der deutschen Ardennenoffensive um Vorverlegung des Angriffstermines keine entscheidende Rolle spielten. Generalmajor Gehlen analysierte noch am 22. Dezember 1944 die Gründe für das zeitliche Hinausschieben des sowjetischen Angriffes; er kam dabei zum Schluß, daß günstige Wetterbedingungen, wie dauerhafter Frost, abgewartet werden mochten und daß die sowjetische Führung möglicherweise daran denke, die deutsche Offensive in den Ardennen zu einem »politi-

183 H. Nolte, Panzerausfälle bei der sowjetischen 2. Ukrainischen Front während der »Schlammoffensive« vom 5. März – 6. April 1944 auf Uman–Targ. Botosani, in: Kampftruppen, 1974, H. 6, S. 188. – Selbst die robusten und bewährten T-34-Panzer unterlagen einer so hohen Ausfallquote, daß das sowjetische Oberkommando daraus den Schluß zog, nur nach Bereitstellung der erforderlichen Ersatzpanzer und nach Aufbau der entsprechenden logistischen Basis einen erfolgversprechenden Großangriff wagen zu können. – Zur deutschen Seite s. auch: W. K. Nehring, Panzerverluste 1941–1945, in: Kampftruppen, 1974, H. 2, S. 46–48, zit. Nehring, Panzerverluste.

184 OKH/GenStdH/Abt. Fremde Heere Ost: Kurze Beurteilung der Feindlage vom 10. 1. 1945, in: BA-MA, H 3/211.

185 Guderian, S. 346.

186 Schukow, S. 549.

schen Kuhhandel« mit den Westalliierten auszunutzen[187]. Die Tatsache jedoch, daß der sowjetische Großangriff erst am 12. Januar, also mehr als zwei Wochen nach dem Kulminationspunkt der Ardennenoffensive begann, läßt einen operativen Zusammenhang zwischen dem Ansuchen der Westalliierten und der sowjetischen Offensive an der Weichsel als hinfällig erscheinen. Viel eher ist zu folgern, daß der sowjetische Generalstab sämtliche Angriffsvorbereitungen ohne Überstürzung abschließen wollte und daß die Regierung in ihren politischen Entscheidungen frei zu bleiben gedachte.

187 OKH/GenStdH/Abt. Fremde Heere Ost (I), Nr. 4640/44 g.Kdos.: Stellungnahme zur Frage einer etwaigen Abänderung der sowjetrussischen Operationsabsichten im großen, Stand 22. 12. 44, in: BA-MA, III H 402/11. S. auch: Wilhelm, S. 67 ff. – Vgl. H. Spaeter (Hrsg.), Die Geschichte des Panzerkorps Großdeutschland, Bd III, Duisburg-Ruhrort 1958, S. 181 f., zit. Spaeter.

IV. Die sowjetische Offensive

1. Der Zusammenbruch der 4. Panzerarmee

a) Der Durchbruch beim XXXXVIII. Panzerkorps

Der sowjetische Weichsel-Brückenkopf bei Baranów wurde im Norden durch das deutsche XXXXII. Armeekorps (4 Infanteriedivisionen, 1 Pionierbrigade) und im Westen durch das XXXXVIII. Panzerkorps (3 Infanteriedivisionen) abgegrenzt. Die Hauptlast der Abwehr hatte dabei das XXXXVIII. Panzerkorps mit der 304., 68. und 168. Infanteriedivision zu tragen, wobei der sowjetische Aufmarschraum im wesentlichen durch die Weichsel im Süden und den bis zu 600 m ansteigenden Höhenrücken der Lysa Gora im Norden eine Art natürlicher Begrenzung fand. Da man außerdem kurz vor Angriffsbeginn erkannt hatte, daß sich der sowjetische Stoß in erster Linie gegen Westen richten werde und aufgrund von Gefangenenaussagen der Nida-Abschnitt (rund 30 km hinter der Front) als erstes Angriffsziel galt[188], mußte die zahlenmäßige Unterlegenheit des XXXXVIII. Panzerkorps noch deutlicher ins Gewicht fallen (siehe Skizze 4).

Als Gegenmaßnahme war eine weitere Schwächung des XXXXII. Armeekorps seitens des Oberkommandos der 4. Panzerarmee (General der Panzertruppe Gräser) vorgesehen, indem die südöstlich von Opatów stehende 72. Infanteriedivision herausgelöst werden sollte; diese Maßnahme war jedoch bis zum 12. Januar nicht abgeschlossen, so daß diese Division in den Abwehrkampf des XXXXVIII. Panzerkorps nicht mehr eingreifen konnte[189].

188 OKH/GenStdH/Abt. Fremde Heere Ost: Kurze Beurteilung der Feindlage vom 10. 1. 1945, in: BA-MA, H 3/211.

189 Gemäß Ob.Kdo. der HGr. A, Lagekarte, Stand 11. 1. 1945, in: BA-MA, 80/46.

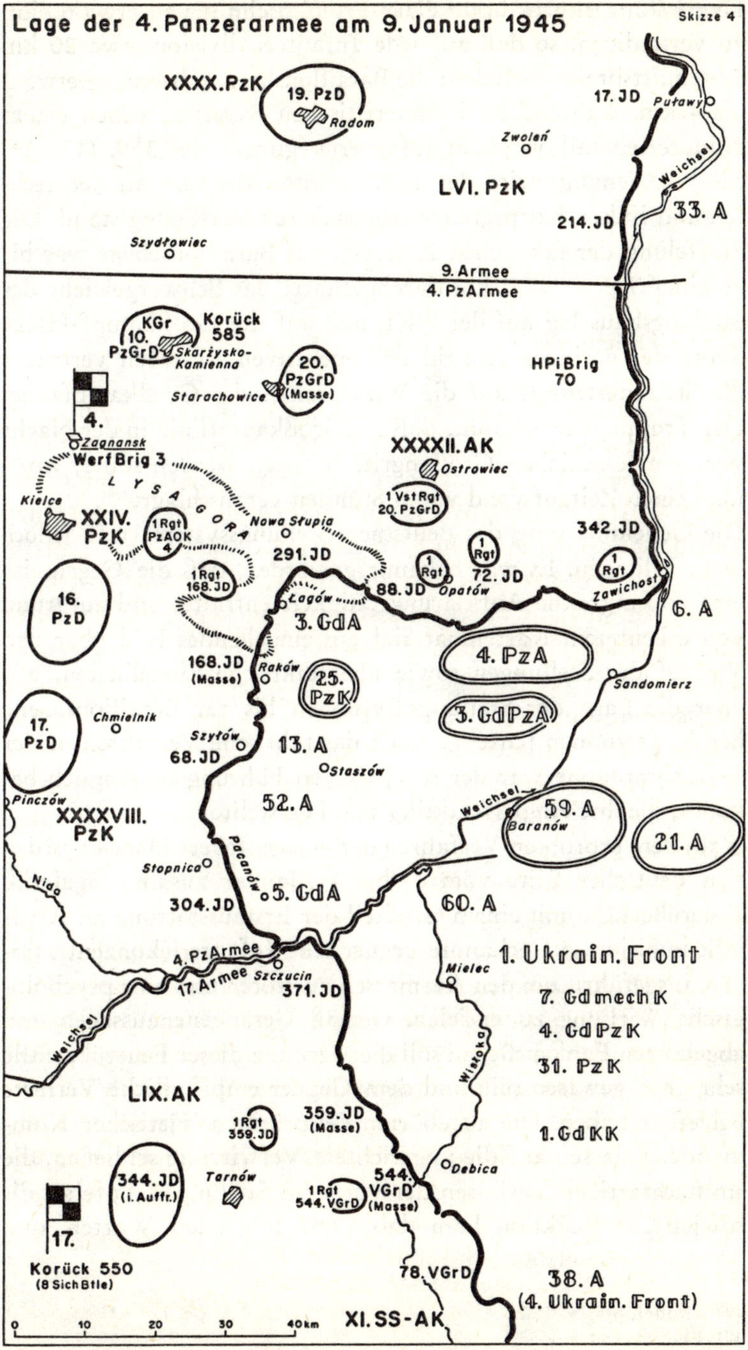

Lage der 4. Panzerarmee am 9. Januar 1945

Dieses Panzerkorps hatte einen Frontabschnitt von etwa 60 km zu verteidigen, so daß auf jede Infanteriedivision etwa 20 km Abschnittsbreite entfielen; die Bataillonsbreiten betrugen etwa 3 bis 4 km, während an infanteristischen Reserven neben einem Infanteriebataillon je ein Infanterieregiment der 359. (17. Armee) beziehungsweise der 168. Infanteriedivision an der rechten und linken Korpsgrenze frontnah zur Verfügung stand. Die Staffelung der taktischen Reserven auf Bataillonsebene war bis zu einer Tiefe von 2 km durchgeführt; das Schwergewicht des Stellungsbaus lag auf der HKL und auf der Großkampf-HKL. Trotz der geringen Anzahl der operativen Reserven vertraute die Stellungstruppe auf die Wirksamkeit der Großkampfzone. Der Truppe war bekannt, daß die Großkampflinie in der Nacht vor dem feindlichen Großangriff bezogen werden sollte, wozu man einen Zeitaufwand von 6 Stunden veranschlagte[190].

Die Geheimhaltung des deutschen Stellungssystems war jedoch nicht gelungen. Es war bekannt geworden, daß die Gegenseite eine umfangreiche Aufklärungstätigkeit entfaltet und aufgrund von erbeutetem Kartenmaterial ein eingehendes Bild über den Verlauf der Stellungen sowie über taktische Einzelheiten, wie über die Lage der Stellungsdivisionen bis zur Bataillonsebene herab, gewonnen hatte[191]. Auch das taktische Verfahren in der Großkampfzone war der sowjetischen Führung hinlänglich bekannt, die ihre Angriffstaktik darauf einstellte.

Nach dem erprobten Verfahren der »Gegenfeuerschläge« wurden von deutscher Seite vom 7. bis 11. Januar zusammengefaßte Feuerüberfälle mit einem Großteil der Erstausstattung an Artilleriemunition auf erkannte gegnerische Infanteriekonzentrationen ausgeführt, um den Aufmarsch zu stören und eine psychologische Wirkung zu erzielen. Gemäß Gefangenenaussagen und abgehörten Funksprüchen soll die Wirkung dieser Feuerüberfälle sehr groß gewesen sein und dem Gegner empfindliche Verluste beigefügt haben. Die abgehörten Gespräche sowjetischer Kommandeure lassen auf die angerichtete Verwirrung schließen, die im fluchtartigen Verlassen der vorderen Stellungen gipfelte; die sowjetische Reaktion kam dabei mit folgenden Worten zum

190 Middeldorf, S. 190.

191 Ebd., S. 189.

Ausdruck: »Alle Westukrainer werfen Sie in die rückwärtigen Gräben. Mit ihnen gewinnen wir keinen Krieg[192]!«
Wenn auch aus verschiedenen Hinweisen der 12. Januar als Angriffstermin sehr wahrscheinlich erschien, so schloß sich das Oberkommando der Heeresgruppe A der Ansicht des XXXXVIII. Panzerkorps am Abend des 11. Januar, wonach der gegnerische Großangriff unmittelbar bevorstehe, nicht an; insbesondere die Vorhersage ungünstigen Flugwetters für die sowjetischen Luftstreitkräfte wurde als Argument gegen eine Offensive am folgenden Tag gewertet. Da auch das Räumen der HKL erst ziemlich spät hätte beginnen können, verzichtete die Heeresgruppe auf das Beziehen der Großkampflinie[193].
In den frühen Morgenstunden des 12. Januar eröffnete die sowjetische Artillerie im Abschnitt zwischen Pacanów (8 km südöstlich von Stopnica) und Borów (5 km südlich von Łagów) das Vorbereitungsfeuer[194], um das Sperrfeuer der deutschen Artillerie herauszulocken und das eventuelle Beziehen der Großkampflinie zu stören. In unmittelbarem Zusammenwirken damit setzten sich die sowjetischen Vorausbataillone im ersten deutschen Grabenabschnitt fest. Diese Vorausbataillone hatten die Aufgabe, gewaltsam aufzuklären, ob und inwieweit die Verteidiger die Großkampflinie bezogen hatten, und damit der eigenen Artillerie die Schießgrundlagen für die zweite Phase des Vorbereitungsfeuers zu liefern.
Nach sowjetischer Darstellung begann das Vernichtungsfeuer auf die erkannten deutschen Stellungen und Waffen um 10.00 Uhr und dauerte bis 11.47 Uhr, wobei auf deutscher Seite unterschiedliche Verluste auftraten, die bei den am stärksten betroffenen Bataillonen bis zu einem Viertel der Kampfstärke ausmachten[195]. Unmittelbar darauf traten die Schützendivisionen der 1. Welle samt den zugeteilten Panzern und Sturmgeschützen (Selbstfahrlafetten), unterstützt von einer doppelten

192 Anlagen zum KTB Ob.Kdo. HGr. A (Gefechtskalender) vom 1. 1.–20. 1. 1945, Eintragung vom 12. 1. 1945, in: BA-MA, RH 19 VI/350; s. auch: Kriegserfahrungen in der Verteidigung, S. 440.

193 Middeldorf, S. 190 f.

194 Die genaue Uhrzeit des Beginns des sowjetischen Vorbereitungsfeuers ist aus den vorliegenden Unterlagen nicht zu ermitteln; einmal wird 03.00 Uhr, ein andermal 03.30 Uhr genannt (s. W. Werthen, Geschichte der 16. Panzer-Division 1939–1945, Bad Nauheim 1958, S. 228, zit. Werthen).

195 Middeldorf, S. 191.

Feuerwalze, zum Sturmangriff an. Sie wandten dabei die Taktik an, schwere Panzer und Sturmgeschütze zum Ausschalten noch bestehender Widerstandsnester in der 1. und 2. Staffel einzusetzen, während sich die Begleitinfanterie als 3. Staffel unmittelbar daran anschloß; schließlich folgte in festgelegten Abständen die Infanterie der 4. und 5. Staffel. Dieses Verfahren gab dem sowjetischen Stoß eine außerordentliche Wucht, da die beiden Panzerstaffeln der nachfolgenden Infanterie den Weg bahnten, während die ersten beiden Infanteriestaffeln vor allem den Angriffsschwung aufrechterhalten sollten; erst die 3. Infanteriestaffel hatte sich der Säuberung des durchstoßenen Geländes und dem Niederkämpfen noch vorhandenen Feindwiderstandes zu widmen[196].

Dem Angreifer kam darüber hinaus die durch das enorme Artilleriefeuer hervorgerufene Staub- und Rauchentwicklung zugute, die dem Verteidiger die Beobachtung erschwerte. So konnten die sowjetischen Sturmbataillone – auch unter Ausnutzung von absichtlich freigelassenen »Feuergassen« – ziemlich frühzeitig in das deutsche Hauptkampffeld einbrechen und die noch intakten Stützpunkte und Widerstandsnester einschließen.

Nachdem um die Mittagszeit die 1. und 2. Linie des Hauptkampffeldes durchstoßen war, wurden die 3. Garde-Panzerarmee, die 4. Panzerarmee sowie das 31. Panzerkorps und das 4. Garde-Panzerkorps zur Vollendung des Durchbruches eingesetzt[197]. Nach Überrollen der unzureichend besetzten Großkampflinie mußte der Angreifer erst in den Artillerie-Schutzstellungen größere Ausfälle und eine Verzögerung in Kauf nehmen. Trotz eines teilweise erfolgreichen Gegenangriffes der Sturmgeschützbrigade und der Jagdpanzerkompanie des XXXXVIII. Panzerkorps stieß die Spitze des 10. Garde-Panzerkorps der 4. Panzerarmee in drei Stunden 20 km vor.

Am Abend des 12. Januar war nicht nur die Großkampfzone, sondern auch die 2. und 3. Zwischenstellung auf einer Breite von etwa 45 km durchbrochen; die Angriffsspitzen der beiden Pan-

196 OKH/GenStdH/Abt. Fremde Heere Ost (IIe) vom 15. 2. 1945: Einzelnachrichten des Ic-Dienstes Ost, Nr. 40: Kurzauswertung der neuen sowjetrussischen Anweisung zum Durchbruch befestigter Stellungen (IIe), in: BA-MA, DV–RH 455, S, 5–6, zit. FHO, Anweisung zum Durchbruch befestigter Stellungen (s. Anl. 8). Zum Vergleich: Middeldorf, S. 194–196.

197 Geschichte, Bd 5, S. 83.

zerarmeen hatten über 25 km Raum gewonnen und standen knapp vor dem Unterlauf der Nida, das heißt vor der fast unbesetzten a-1-Stellung, während die Schützendivisionen der 13. und 52. Armee sowie der 5. Gardearmee den letzten deutschen Widerstand im Zwischengelände brachen. Von den drei betroffenen deutschen Infanteriedivisionen konnten sich nur schwache Reste, namentlich auf dem Südflügel, der Vernichtung entziehen[198].

Der vorgesehene Gegenangriff des XXIV. Panzerkorps – so wie er in den vergangenen Wochen detailliert vorbereitet worden war – kam infolge des zu spät erteilten Angriffsbefehls nicht zum Tragen. So wurden Teile des Panzergrenadierregiments 64 der 16. Panzerdivision im Raum von Szcecno, etwa 18 km hinter der HKL, um 15.00 Uhr von sowjetischen Panzern angegriffen, ohne daß bis dahin Einsatzbefehle vorgelegen wären. Erst nach Einbruch der Dunkelheit erhielten die 16. und 17. Panzerdivision, die mit der Masse etwa 20 km hinter der HKL bereitstanden, den Befehl zum Gegenangriff[199].

Dieser verspätete Ansatz erwies sich jedoch als hinfällig, da einige sowjetische Panzerverbände bereits zwischen den Bereitstellungsräumen der beiden Panzerdivisionen durchgebrochen waren und dadurch einen geschlossenen Einsatz des XXIV. Panzerkorps unmöglich machten. Während sich Teile der 17. Panzerdivision nach Westen über die Nida zurückkämpften, behaupteten andere Teile dieser Division gemeinsam mit der 16. Panzerdivision einen Brückenkopf südlich der Czarna-Nida bei Morawica mit der Front nach Süden[200]. Die weiter nordöstlich stehende 20. Panzergrenadierdivision nahm an diesen Kämpfen nicht teil und schloß sich dem Rückzug des XXXXII. Armeekorps an. Der für den Morgen des 13. Januar geplante neuerliche Gegenangriff des XXIV. Panzerkorps blieb illusorisch, da der Gegner in der Nacht zum 13. weitere Kräfte nachgeführt und den Einbruchsraum erweitert hatte. An der Nordfront des Baranów-Brückenkopfes begnügte sich der Angreifer mit der Fesselung der dort eingesetzten Divisionen des XXXXII. Armeekorps; auch die 291. Infanteriedivision an der Naht zum durch-

198 Vgl. Middeldorf, S. 192; KTB OKW IV/2, S. 1012.
199 Werthen, S. 229. Zum Vergleich: Bauer, S. 236.
200 Werthen, S. 229 f.

brochenen XXXXVIII. Panzerkorps konnte ihre Stellung vorerst halten.

Die Lage im Einbruchsraum am Abend des 12. Januar wies für das Oberkommando der 4. Panzerarmee und der Heeresgruppe A gewisse Unklarheiten infolge der sich überstürzenden Ereignisse und des gestörten Meldewegs auf, so daß das Ausmaß des sowjetischen Erfolges noch nicht völlig abzuschätzen war. Die Heeresgruppenführung berechnete die Angriffskräfte auf etwa 14 Schützendivisionen und 3 Panzerkorps, was jedoch wesentlich unter den tatsächlich eingesetzten Kräften lag. Auch die Tiefe der erkannten Einbrüche läßt auf ein unvollständiges Lagebild schließen: so wurde der Raumgewinn der sowjetischen Angriffsspitzen mit 6–12 km angegeben[201].

Der 13. Januar brachte die Überschreitung des Oberlaufs der Nida im Raum von Chęciny (südwestlich von Kielce) durch die 3. Garde-Panzerarmee und die Abwehr vereinzelter deutscher Gegenstöße, die in ihrer Summe den sowjetischen Vormarsch nicht verzögern konnten. Weitere Übergangsstellen über die Nida lagen bei Wislica, Pińczów und Sobkod[202]. Gleichzeitig griffen die sowjetische 4. Panzerarmee und die 13. Armee den deutschen Brückenkopf südlich der Czarna-Nida an, während die 60. Armee südlich der Weichsel zum Angriff antrat und damit den Nordflügel der 17. Armee (LIX. Armeekorps) band.

Die im Einbruchsraum befindlichen sowjetischen Kräfte wurden vom OKH und der Heeresgruppe A auf zirka 32 Schützendivisionen und 8 Panzerkorps geschätzt. Über die deutschen Gegenangriffe stellte das Oberkommando der Heeresgruppe A lapidar fest: »Die eigenen, von Panzer- und Infanteriekräften geführten Angriffe kamen nicht zum Tragen, da die eigenen Kräfte bereits in ihren Bereitstellungsräumen zum Kampf gestellt wurden[203].« Man darf dabei aber nicht unberücksichtigt lassen, daß ein Großteil der gepanzerten Reserven (16. Panzerdivision) bereits an der Czarna-Nida im Abwehrkampf stand und daher nicht mehr frei verfügbar war.

Schon am 13. Januar zeichnete sich die kurz darauf erfolgreiche

201 KTB Ob.Kdo. HGr. A (Gefechtskalender), Eintragung vom 12. 1. 1945, BA-MA, RH 19 VI/49, zit. KTB HGr. A. Zum Vergleich: Guderian, S. 353 f., und KTB OKW IV/2, S. 1010.

202 KTB HGr. A, Eintragung vom 13. 1. 1945.

203 Ebd.

Umfassungsbewegung der sowjetischen 4. Panzerarmee im Raum südlich von Kielce ab, während die Divisionen des XXXXII. Armeekorps noch immer ihre bisherigen Stellungen behaupteten. Ein Einwirken dieser Divisionen gegen die Ostflanke der auf Kielce eindrehenden sowjetischen Verbände fand nicht statt. Während am 14. Januar die 4. Panzerarmee, die 13. Armee und Teile der 3. Garde-Armee die noch an der Czarna-Nida haltenden deutschen Verbände umgingen und einschlossen, brachte der Oberbefehlshaber der 1. Ukrainischen Front die 59. Armee aus der 2. operativen Staffel zwischen der 5. Garde-Armee und der 60. Armee zum Einsatz, um die Wucht des Angriffes aus der Tiefe zu nähren. Noch am selben Tage eroberten die sowjetischen Truppen Jedrzejów, 15 km westlich der Nida, während das bedrohte Kielce am 15. Januar in die Hände der Angreifer fiel[204].

Mit der Unterbrechung der Straßen- und Eisenbahnverbindung Warschau–Krakau waren somit am dritten und vierten Angriffstag entscheidende Durchbrüche durch die Front der deutschen 4. Panzerarmee erzielt; da die deutschen Reserven als zerschlagen beziehungsweise als eingeschlossen gelten konnten, weitere operative Reserven aber nicht mehr zur Verfügung standen, war damit die Schlacht in diesem Abschnitt zugunsten der Angreifer entschieden. Der am 14. Januar beginnende Großangriff der Weißrussischen Front bedeutete für die deutsche Seite außerdem eine zusätzliche Verschlechterung der Lage, da ab diesem Zeitpunkt mit einer eventuellen Verstärkung der 4. Panzerarmee durch Teile der 9. Armee nicht mehr gerechnet werden durfte.

b) Die Ausweitung des sowjetischen Erfolges

Ab dem 15. Januar konnte es für die noch kampffähigen Teile der Verteidiger nur mehr um die Frage gehen, mit welchen Improvisationen man der gänzlichen Vernichtung entgehen wollte; von einer Verzögerung des sowjetischen Vormarsches konnte hingegen keine Rede mehr sein.

Während das XXXXVIII. Panzerkorps mit der Masse als vernichtet galt, bestanden noch Chancen, Teile des XXIV. Panzer-

[204] Vgl. Geschichte, Bd 5, S. 85.

korps und des XXXXII. Armeekorps aus der sich abzeichnenden gegnerischen Umklammerung herauszuführen. In der Folge schlossen sich einzelne Regimenter und Divisionen zu Kampfgruppen zusammen und versuchten, sich den Rückzug freizukämpfen, wodurch das Phänomen der »wandernden Kessel« entstand. Auf diese Weise erkämpften sich Teile der 16. und 17. Panzerdivision in der Nacht zum 16. Januar den Ausbruch aus dem sowjetischen Einschließungsring südöstlich von Kielce und begannen den Rückzugskampf, in der Hoffnung, deutsche Auffanglinien zu gewinnen. Die Härte dieser Kämpfe spiegelt sich in den Verlusten wider: Das Panzerregiment 2 der 16. Panzerdivision verlor am 21. Januar seinen letzten Kampfpanzer, der infolge Treibstoffmangels gesprengt werden mußte[205].

Die Kampfgruppe des XXIV. Panzerkorps vereinigte sich am 18. Januar mit Teilen des XXXXII. Armeekorps im Raum von Gowarczów (nördlich von Konskie), denen es gelungen war, der sowjetischen Einschließung zu entgehen[206]. Dieses Armeekorps hatte am 15. Januar mit dem Absetzen in Richtung Nordwesten begonnen und anfänglich den Zusammenhalt wahren können, mußte aber am 20. Januar infolge der ständigen Feindangriffe und des ungleichen Marschtempos der Divisionen auf eine koordinierte Führungstätigkeit verzichten. Während der Korpsstab in Gefangenschaft geriet, konnten Teile der unterstellten Divisionen den Kampf noch kurze Zeit fortsetzen. Die Vernichtung der 291. Infanteriedivision westlich der Pilica am 23. Januar steht als Beispiel für den oft wochenlangen hartnäckigen Widerstand der »wandernden Kessel«; nur Splittergruppen dieser Division konnten sich bis zur Oder durchschlagen[207].

Die damit verbundene Frage, warum der Gegner erst relativ spät die Liquidierung der eingekesselten deutschen Truppenteile vollzog, kann im wesentlichen dadurch beantwortet werden, daß die sowjetischen Führungsstellen ihr Hauptaugenmerk auf den reibungslosen Vormarsch der Panzerverbände in die Tiefe des Raumes und nicht auf die Vernichtung bereits umgangener oder durchbrochener Feindkräfte legten; außerdem bestanden

205 Nehring, Panzerverluste, S. 48.
206 Werthen, S. 231.
207 W. Conze, Die Geschichte der 291. Infanterie-Division 1940–1945, Bad Nauheim 1953, S. 78.

die zur Liquidierung der »wandernden Kessel« eingesetzten Verbände vornehmlich aus Truppen 2. Welle, die eine geringere Kampfkraft als die Angriffsspitzen aufwiesen.

Der sowjetische Vormarsch hielt ab dem 15. Januar unvermindert an. Nachdem an diesem Tage Teile der 3. Garde-Panzerarmee, der 52. Armee und der 5. Garde-Armee den Unterlauf der Pilica erreicht und bei Małuszyn sogar überschritten hatten[208], fielen am 17. Januar Tschenstochau und Radomsko (3. Garde-Panzerarmee) in die Hand der Angreifer. Diesen Erfolg ausnutzend, überschritten die Angriffsspitzen der 3. Garde-Panzerarmee am 19. Januar die deutsche Reichsgrenze, und in der Nacht zum 22. Januar überwand das 6. Garde-MechKorps der 4. Panzerarmee nördlich von Steinau (südöstlich von Glogau) die Oder[209].

Am 15. Januar war auch die 38. Armee der 4. Ukrainischen Front im Abschnitt der 17. Armee zur Offensive übergegangen und hatte bei der 545. Volksgrenadierdivision (XI. SS-Armeekorps) einen Einbruch auf 8 km Breite erzielt. Infolge des anhaltenden gegnerischen Druckes und im Hinblick auf das notwendig gewordene Herauslösen einer Infanteriedivision wurde die Front der 17. Armee am 16. 1. um zirka 30 km nach Westen hinter den Dunajec-Abschnitt zurückverlegt. Die freigewordene 359. Infanteriedivision sollte die offene Nordflanke der Armee nördlich der Weichsel sichern und die Reste der 304. Infanteriedivision des XXXXVIII. Panzerkorps aufnehmen, während man die kurzfristig aufgefrischte 344. Infanteriedivision in Richtung Krakau verlegte. Die Stadt selbst fiel am 19. Januar in die Hand der 59. und 60. Armee, während gleichzeitig der Kampf um das oberschlesische Industriegebiet entbrannte[210].

Angesichts der katastrophalen Entwicklung der Lage mochte die deutsche Seite noch hoffen, daß die Aufbietung des Volkssturmes eine gewisse Verzögerung des gegnerischen Vormarsches bewirken werde. Nachdem am 14. Januar der »Aufrufungsbefehl für den gesamten Volkssturm im Osten« über Antrag des Chefs des Generalstabes des Heeres durch den Reichsführer-SS erteilt

208 KTB HGr. A, Eintragung vom 15. 1. 1945.
209 Geschichte, Bd 5, S. 97.
210 Ebd., S. 98.

worden war, erfolgte unverzüglich der Aufruf des 1. Aufgebots[211]. Bis zum 20. Januar konnten trotz organisatorischer und transporttechnischer Schwierigkeiten 32 Volkssturmbataillone aus dem Wartheland mit einer Durchschnittsstärke von 450 bis 500 Mann der Heeresgruppe A zugeführt werden. Außerdem erging an verschiedene deutsche Gaue am 16. Januar die Weisung zur Aufstellung von weiteren »Volkssturm-Bataillonen z. b. V.«, die außerhalb der betreffenden Gaugrenzen zum Einsatz kommen sollten[212]. Trotzdem mußte infolge des raschen sowjetischen Geländegewinns die Frage offen bleiben, ob eine rechtzeitige Besetzung der rückwärtigen Stellungen in Verbindung mit den dazu erforderlichen Heeresdivisionen durchgeführt werden könne.

Bis zum 18. Januar standen dem Befehlshaber des Wehrkreises XXI (Posen) erst 21 Volkssturmbataillone zur Verfügung, die zum Großteil entlang der bereits erwähnten b-1-Linie (westlich von Krakau – östlich von Kalisz) eingesetzt wurden[213]. Da jedoch bereits am 17. Januar sowjetische Panzerspitzen diese Linie an einigen Stellen überrollt hatten und reguläre Heeresverbände erst in Zuführung aus dem Westen begriffen waren, konnten die Volkssturmbataillone die b-1-Linie nur schwerpunktmäßig besetzen, wobei teilweise Abschnittsbreiten von 10 bis 12 km pro Bataillon in Kauf genommen werden mußten. Es ist daher verständlich, wenn die b-1-Linie, die 14 Divisionen Aufnahme hätte bieten sollen, kein nennenswertes Hindernis darstellte und dem sowjetischen Vormarsch nur stellenweise und sehr kurzfristig Einhalt gebieten konnte.

Im rückwärtigen Heeresgebiet der Heeresgruppe A standen am 17. Januar nur 37 heereseigene Sicherungs- beziehungsweise Volkssturmbataillone teils in der b-1-Linie, teils in deren unmittelbaren Hinterland[214]. Da die mangelhaft ausgerüsteten und kampfunerfahrenen Volkssturmeinheiten nicht – wie ursprünglich geplant – im Verbande mit Heeresdivisionen, sondern auf sich allein gestellt den Kampf aufnehmen mußten, blieb ihr Kampfwert trotz harten Einsatzes gering. Im Gegensatz dazu

211 Kissel, Volkssturm, S. 65.
212 Ebd., S. 66.
213 Ebd., S. 152 f.
214 OKH/GenStdH/Op.Abt. IIIb, Lage Ost vom 17. 1. 1945, Prüfnummer 52 322, BA-MA, o.S.

erzielten sie später gemeinsam mit Heeresverbänden beachtenswerte Erfolge bei der Verteidigung eingeschlossener Städte und »Festungen«[215].

Auf die Gegenmaßnahmen des OKH und des OKW soll im Zusammenhang mit der Darstellung des Kampfgeschehens bei der 9. Armee eingegangen werden. Es sei jedoch bereits vermerkt, daß Hitler den bisherigen Oberbefehlshaber der Heeresgruppe, Generaloberst Harpe, in der Nacht zum 17. Januar trotz Einspruchs von Guderian seines Postens enthob; Nachfolger wurde Generaloberst Schörner, der bisher die Kurland-Armeen geführt hatte[216], da man sich von der Schörner zugeschriebenen Rücksichtslosigkeit und Energie das Menschenmögliche zur Stabilisierung der Front erhoffte.

2. Die Zertrümmerung der 9. Armee

a) Der sowjetische Durchbruch bei Warka und Puławy

Der Angriff der 1. Ukrainischen Front am 12. Januar im Abschnitt der 4. Panzerarmee bewirkte naturgemäß eine erhöhte Alarmbereitschaft bei der nördlich daran anschließenden 9. Armee, da aufgrund der abgeschlossenen Angriffsvorbereitungen und der sich für die sowjetischen Seite günstig entwickelnden Lage jederzeit mit einer Offensive der 1. Weißrussichen Front zu rechnen war (siehe Skizze 5). Der Oberbefehlshaber der 9. Armee, General der Panzertruppe Smilo Frhr. v. Lüttwitz, rechnete in dieser Situation mit einer Zurücknahme des Nordflügels der 4. Panzerarmee, der – wie bereits dargestellt – von

215 So wurde z. B. die »Festung Posen«, die nach dem sowjetischen Vorstoß bis an die Oder tief im gegnerischen Hinterland lag, vom 21. 1. bis zum 23. 2. erbittert verteidigt (Kissel, Volkssturm, S. 67). – Als weitere Verwendungsmöglichkeit des Volkssturmes schlug der OB der HGr. A am 23. 1. vor, besondere »Vernichtungsgruppen« aus Volkssturmangehörigen aufzustellen, die sich überrollen lassen und den Kampf im Hinterland des Gegners »nach Partisanenart« fortsetzen sollten (KTB OKW IV/2, S. 1303 f.). Da jedoch weder Ausbildung noch Kampferfahrung einem solchen Auftrag entsprachen und außerdem Volkssturmangehörige von sowjetischer Seite als »Aufständische« behandelt worden waren, wurde dieser Vorschlag nicht durchgeführt.

216 Vgl. Guderian, S. 358; Kissel, Volkssturm, S. 152.

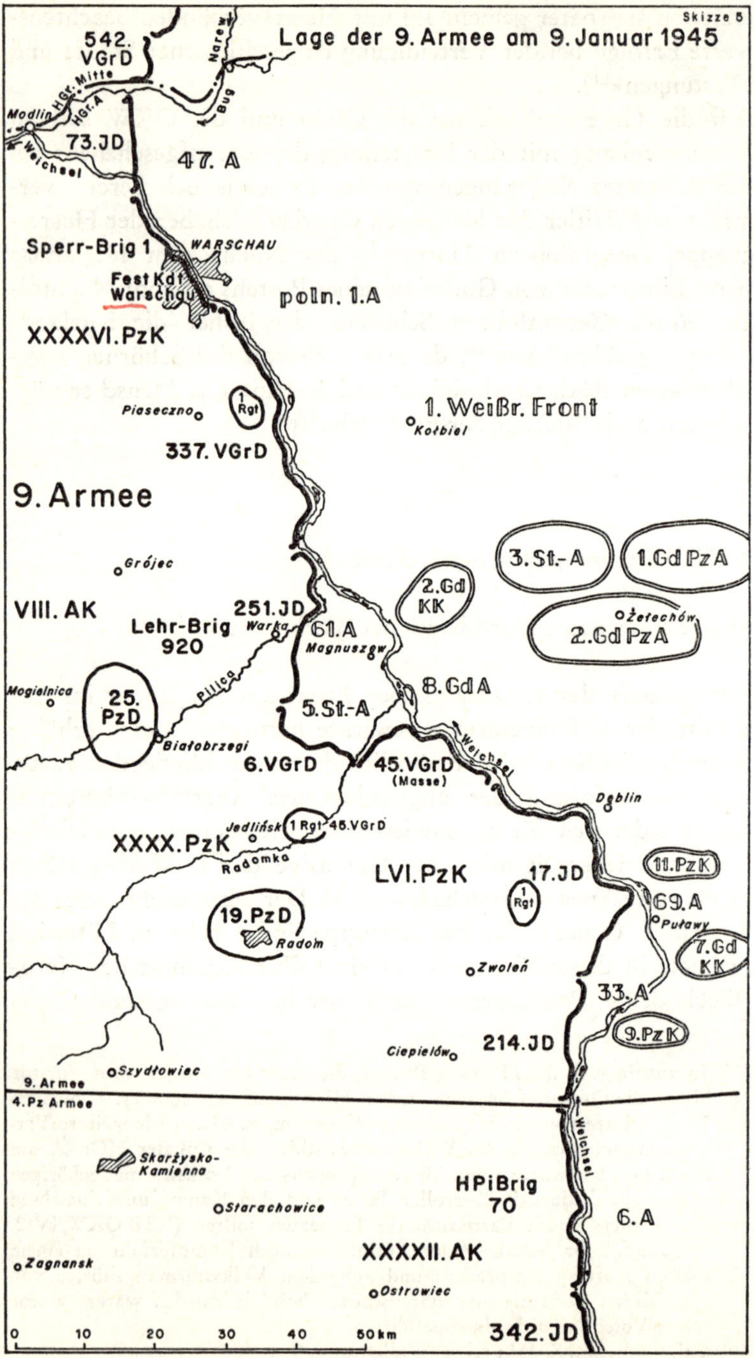

Skizze 5
Lage der 9. Armee am 9. Januar 1945
542. VGrD
Narew
HGr. Mitte
HGr. A
Bug
Modlin
Weichsel
73. JD
47. A
Sperr-Brig 1
WARSCHAU
Fest Kdt Warschau
poln. 1. A
XXXXVI. PzK
1 Rgt
Piaseczno
1. Weißr. Front
Kołbiel
337. VGrD
9. Armee
3. St.-A
1. Gd Pz A
Grójec
2. Gd KK
Żetechów
VIII. AK
251. JD
Lehr-Brig 920
Warka
61. A
Magnuszew
2. Gd Pz A
8. Gd A
Mogielnica
25. PzD
Pilica
5. St.-A
Białobrzegi
6. VGrD
45. VGrD (Masse)
Weichsel
Dęblin
Jedlińsk
1 Rgt 45. VGrD
XXXX. PzK
Radomka
LVI. PzK
17. JD
11. PzK
1 Rgt
69. A
Puławy
19. PzD
Radom
7. Gd KK
Zwoleń
33. A
9. PzK
Ciepielów
214. JD
Szydłowiec
9. Armee
4. Pz Armee
Weichsel
Skarżysko-Kamienna
HPiBrig 70
Starachowice
6. A
XXXXII. AK
Zagnansk
Ostrowiec
0 10 20 30 40 50 km
342. JD

der sowjetischen Umfassung frühzeitig bedroht wurde, sowie des rechten Flügels der 9. Armee (LVI. Panzerkorps, Großteil der 45. Volksgrenadierdivision)[217]. Nach Ansicht von General v. Lüttwitz hätte diese Maßnahme die einzig tragbare Alternative zum Stehenbleiben in der derzeitigen Stellung dargestellt, eine Alternative, die jedoch von der Heeresgruppe A nicht ergriffen wurde.

Die Gliederung der Armee sah ein Halten der Weichsellinie durch das XXXXVI. Panzerkorps (1 Infanteriedivision, 1 Volksgrenadierdivision, 1 Sperrbrigade, Festungskommandant Warschau) vor, während das VIII. Armeekorps (1 Infanteriedivision, 2 Volksgrenadierdivisionen) den Warka-Brückenkopf umschloß und das LVI. Panzerkorps (2 Infanteriedivisionen) die Front vor dem Puławy-Brückenkopf zu halten hatte; hinter dem Abschnitt des VIII. Armeekorps stand das XXXX. Panzerkorps mit 2 Panzerdivisionen als Eingreifreserve bereit. Im Raum von Zwolén westlich das Puławy-Brückenkopfes befand sich darüber hinaus die Kampfgruppe der 10. Panzergrenadierdivision, die ursprünglich hinter der Front der 4. Panzerarmee gestanden und erst in der Nacht zum 13. Januar der 9. Armee unterstellt worden war[218].

Die Hauptlast der Abwehr war dem VIII. Armeekorps (45. und 6. Volksgrenadierdivision, 251. Infanteriedivision) übertragen, das den Warka-Brückenkopf auf einer Frontbreite von etwa 35 km umschloß; im Schwergewicht des Armeekorps an der Südwestecke des Brückenkopfs stand die 6. Volksgrenadierdivision[219]. Ähnlich wie vor dem Baranów-Brückenkopf bei der 4. Panzerarmee hatte auch das VIII. Armeekorps ein tiefgestaffeltes Stellungssystem errichtet, wobei zum Beispiel die Tiefengliederung im Abschnitt der 6. Volksgrenadierdivision bis zur Höhe der Regimentsgefechtsstände zurückreichte und hierauf Anschluß an die Artillerieschutzstellungen fand. Ein genau durchdachtes Stützpunktsystem sollte auch nach erfolgten gegnerischen Einbrüchen weiteren Widerstand

217 Lüttwitz, 9. Armee, S. 20.

218 A. Schmidt, Geschichte der 10. Division: 10. Infanterie-Division (mot), 10. Panzer-Grenadier-Division 1939–1945, Bad Nauheim 1963, S. 259, zit. Schmidt.

219 H. Großmann, Geschichte der rheinisch-westfälischen 6. Infanterie-Division 1939–1945, Bad Nauheim 1958, S. 231 ff., zit. Großmann.

gewährleisten. Hinter der HKL verlief in einem Abstand von zirka 4,5–9 km eine rückwärtige Stellung, während im Zwischengelände mehrere Riegel- und Zwischenstellungen ausgebaut waren. Ein Absetzen in die rückwärtige Stellung wurde im Stabe der Division zwar erwogen, jedoch in Anbetracht des ausgezeichnet ausgebauten vorderen Stellungssystems auf Wunsch der unteren Führung nicht als zwingend erachtet[220].

Die Divisionsartillerie hatte wegen der zu erwartenden unzureichenden Nachrichtenübermittlung während des Großangriffes einen »starren Feuerplan« erarbeitet, mit dessen Hilfe je nach Beurteilung der gegnerischen Hauptstoßrichtung rasch Feuerzusammenfassungen geschossen werden konnten. Man wollte damit außerdem dem befürchteten Ausfall der Beobachtungsstellen infolge Feindeinwirkung oder schlechter Witterung entgegenwirken[221].

Hinsichtlich der Zusammenarbeit des XXXX. Panzerkorps mit den Divisionen des VIII. Armeekorps war man übereingekommen, nach erfolgter Alarmierung die beiden Panzerdivisionen (19. und 25.) dicht hinter der Front der 6. Volksgrenadierdivision zu konzentrieren, um den geplanten Gegenangriff noch zu einem Zeitpunkt zu führen, da die gegnerischen Durchbruchskräfte durch die eigene Infanterie im Hauptkampffeld gebunden wurden. Die andere Möglichkeit, die sowjetischen Angriffsspitzen zunächst den Durchbruch in den freien Raum vollziehen zu lassen und erst hierauf zum Gegenangriff gegen diese anzutreten, verwarf man wegen der damit verbundenen Gefahren für die im Hauptkampffeld eingesetzten Infanteriekräfte, die dabei auf sich allein gestellt längere Zeit ausharren und den gegnerischen Angriff verzögern mußten, ehe sich der Erfolg des Gegenangriffs einstellen konnte[222]. Auf keinen Fall wollte man den Fehler begehen, der bei der 4. Panzerarmee infolge des zu späten Einsatzes der Panzerreserven am 12. und 13. Januar aufgetreten war, sondern plante, mit zusammengefaßten Kräften dem gegnerischen Angriff bereits in der Tiefe des Hauptkampffeldes zu begegnen. Daß es sich hierbei im wesentlichen um ein frontales Vorgehen handelte, wollte man zugunsten des engen Zusammenwirkens mit der Stellungsinfanterie in Kauf nehmen.

220 Ebd., S. 242.
221 Ebd., S. 240.
222 Ebd., S. 242.

Ähnlich wie bei der 4. Panzerarmee führte auch die 9. Armee zusammengefaßte Gegenfeuerschläge durch; besonders in der Nacht auf den 13. und 14. Januar erfolgten Feuerüberfälle auf sowjetische Artillerie- und Infanteriekonzentrationen[223]. Der Armee-Oberbefehlshaber überprüfte noch am 13. Januar die Tiefengliederung an der Naht zwischen der 251. Infanteriedivision und der 6. Volksgrenadierdivision, die als besonders wichtig für das Gelingen oder Mißlingen des gegnerischen Durchbruchsangriffes galt. Südwestlich des Warka-Brückenkopfes – ungefähr 10 km hinter der Front – hielt ein Regiment der 45. Volksgrenadierdivision eine gut ausgebaute Riegelstellung besetzt.

Der geplante Gegenangriff des XXXX. Panzerkorps war minutiös vorbereitet und sollte sich auf den erwarteten sowjetischen Ausbruch aus dem Warka-Brückenkopf beschränken; vor dem Puławy-Brückenkopf war man hingegen gezwungen, mit örtlichen Reserven und der Kampfgruppe der 10. Panzergrenadierdivision (Oberst Vial) auszukommen. Die Schwäche der beiden Panzerdivisionen bestand ähnlich wie beim XXIV. Panzerkorps darin, daß jede Division nur über eine Panzer- und eine Sturmgeschützabteilung mit rund 50 Kampfpanzern sowie einer Anzahl Sturmgeschützen verfügte[224].

Aufgrund der jüngsten Auswertung der Feindlage durfte die deutsche Seite nicht mehr – wie ursprünglich angenommen – mit einer Operation aus dem Warka-Brückenkopf nach Süden zur Umfassung der an der Weichsel stehenden deutschen Kräfte rechnen, sondern mußte primär einen sowjetischen Offensivstoß nach Westen beziehungsweise Nordwesten in Richtung Kutno – Posen in Rechnung stellen[225]; schon daraus konnte man im Zusammenhang mit der sowjetischen Angriffsrichtung bei der 4. Panzerarmee einen Hinweis auf die weitreichende Zielsetzung der gegnerischen Offensive entnehmen.

223 Über die Frage, ob es effektiver war, möglichst große Munitionsmengen für das Gegenfeuer der Artillerie *vor* Beginn des gegnerischen Großangriffes einzusetzen oder den Großteil der Munition für das beobachtete Feuer *während* des Großangriffs aufzusparen, wurde nicht immer Einigkeit erzielt; die Artillerie der 6. V.Gren.Div. verschoß z. B. 1/3 der vorhandenen Munitionsmenge im Zuge des Gegenfeuers (Großmann, S. 243).

224 Ebd., S. 241.

225 Abt. Fremde Heere Ost (IIc), Anlage zur Beurteilung der Feindlage vom 31. 12. 1944, in: BA-MA, H 3/196; vgl. Schukow, S. 551.

Die 1. Weißrussische Front setzte ihre Hauptkräfte im Warka-Brückenkopf auf einer zirka 16 km breiten Front ein, während unterstützende Angriffe durch die 47. Armee im Bug-Weichsel-Dreieck nördlich von Warschau und durch zwei weitere Armeen bei Puławy erfolgen sollten. Kurz vor Angriffsbeginn richtete der Oberbefehlshaber der Front, Marschall d. S. Žukov, einen emotionsgeladenen Aufruf an die Angehörigen seines Befehlsbereiches, in dem er die Soldaten zu besonderer Härte und Erbarmungslosigkeit gegenüber den Verteidigern anspornte. Diese Proklamation sollte die Rachegefühle der Soldaten wachrufen und gipfelte in folgenden Worten: »Wir werden uns grausam rächen für alles! ... Wehe dem Lande der Mörder! ... Stalin ist mit uns – der Sieg ist mit uns[226].«

Daß man mit einem solchen Aufruf nicht nur die Kampfmoral heben wollte, sondern auch gleichzeitig an tieferliegende Instinkte appellierte, ist nicht zu leugnen. Die sowjetische Führung mußte sich dessen bewußt sein, daß der Appell an die Rache- und Vernichtungsinstinkte neben dem deutschen Soldaten im späteren Verlauf der Kampfhandlungen auch die deutsche Zivilbevölkerung treffen werde, die jedoch gemäß anderslautenden politischen Anordnungen vor den Ausschreitungen der Eroberer geschützt werden sollte[227]. Daß dieses Vorhaben nach der massiven sowjetischen Haßpropaganda nur in Einzelfällen Erfolg haben konnte, verstand sich von selbst und bietet den Schlüssel zum Verständnis der späteren Gewalttaten an deutschen Soldaten und Zivilisten.

Die drei sowjetischen Armeen im Brückenkopf zu Warka (61. Armee, 5. Stoß-Armee, 8. Garde-Armee) eröffneten am 14. Januar kurz vor 06.30 Uhr das Vorbereitungsfeuer auf die Stellungen des VIII. Armeekorps, insbesondere gegen die Front der 6. Volksgrenadierdivision. Während dieses Feuers, das etwa 30 Minuten dauerte, brachen die sowjetischen Vorausbataillone mit Panzern und Sturmgeschützen in das vordere Grabensystem ein[228]; sie wandten dabei vermehrt die Taktik an, unter Aus-

226 OKH/GenStdH/Abt. Fremde Heere Ost (I), Aktennotiz, o.D., in: BA-MA, III H 402/13, S. 131 ff.; s. auch Geschichte, Bd 5, S. 96 bzw. 82; zum Vergleich: KTB Wehrmachtführungsstab/Tagesmeldungen, Anlage 1 zur Tagesmeldung vom 20. 3. 1945: Bericht über die Lage in den besetzten deutschen Ostgebieten, in: BA-MA, RW 4/v. 705, S. 1–3.

227 Vgl. Geschichte, Bd 5, S. 102 f.

228 Schukow, S. 553; s. auch Geschichte, Bd 5, S. 88; Lüttwitz, 9. Armee, S. 20.

nutzung von schmalen ausgesparten Feuergassen die deutsche HKL zu durchstoßen und zwischen den Stützpunkten einzusickern. Der während des ganzen Angriffes herrschende Nebel, der stellenweise nur eine Sichtweite von 100 m gewährte, begünstigte infolge des Überraschungsmoments den Angreifer in höherem Maße als den Verteidiger[229].

Nach dem Erfolg der Vorausbataillone setzte das sowjetische Vernichtungsfeuer ein, das das deutsche Stellungssystem bis zu einer Tiefe von 6,5 km erfaßte und sich als außerordentlich wirkungsvoll erwies. Zwischen 08.15 und 08.30 Uhr wurde das Vernichtungsfeuer in die Tiefe des Gefechtsfeldes, insbesondere zum Niederhalten der deutschen Artillerie, verlegt, während die Hauptkräfte der 3 sowjetischen Armeen unter dem Schutze einer doppelten Feuerwalze in die Schlacht eingriffen[230].

Durch das sowjetische Vernichtungsfeuer hatten die 6. Volksgrenadierdivision und die 251. Infanteriedivision ungewöhnlich hohe Ausfälle erlitten; das Schwergewicht der artilleristischen Vorbereitung lag dabei auf der Mitte und auf dem linken Flügel der 6. Volksgrenadierdivision (Infanterieregiment 18 und 37). Der darauf folgende Sturmangriff erzielte schon um 09.30 Uhr einen tiefen Einbruch und gewann um die Mittagszeit die Höhe der Regimentsgefechtsstände, wobei alle drei Regimentsstäbe der Division überrollt wurden; nur bei dem am rechten Flügel der Division eingesetzten Infanterieregiment 58 gelang durch einen raschen Gegenstoß das Freikämpfen des Stabes, worauf der Rest des Regiments den Durchbruch nach Süden in die etwa 9 km südlich der HKL verlaufende Riegelstellung erzwang[231].

Die Masse der 6. Volksgrenadierdivision mußte am Nachmittag des 14. Januar als aufgerieben gelten; auch das Artillerieregiment und das der Division unterstellte Nebelwerferregiment erlitten nach zähem Kampf das gleiche Schicksal wie die Infanterie. Damit war der Abschnitt der 6. Volksgrenadierdivision in seiner ganzen Breite durchstoßen, wenn auch in Höhe der Artillerieschutzstellung noch einige Widerstandsnester den Kampf fortsetzten[232].

229 Großmann, S. 244 f.

230 Vgl. Schukow, S. 553; Lüttwitz, 9. Armee, S. 21.

231 Großmann, S. 250 f.

232 Lüttwitz, 9. Armee, S. 21.

Die deutschen Hoffnungen ruhten nur mehr auf dem vorgesehenen Gegenangriff des XXXX. Panzerkorps (General der Panzertruppe Henrici). Nachdem das OKH bereits um 07.40 das Vorziehen des Panzerkorps in die Bereitstellung südwestlich des Brückenkopfes hinter den Abschnitt der 6. Volksgrenadierdivision befohlen hatte, erging um 07.45 Uhr der Armeebefehl an das Generalkommando des XXXX. Panzerkorps, demgemäß nach Beziehen der Bereitstellung ein Gegenangriff je nach Lageentwicklung in Richtung Nord beziehungsweise Nordost zu führen sei. Die beiden Panzerdivisionen erreichten ungefähr um 10.30 Uhr den befohlenen Bereitstellungsraum und sollten hierauf unverzüglich zum konzentrischen Stoß gegen den bei der 6. Volksgrenadierdivision durchbrechenden Gegner antreten[233].

Noch bevor dieses Unternehmen beginnen konnte, sah sich jedoch die 19. Panzerdivision gezwungen, einen schweren Feindangriff östlich der Bahnlinie Warka – Radom aufzufangen, der gemeinsam mit der Sturmgeschützbrigade der 6. Volksgrenadierdivision bis zum Abend des 14. Januar unter schweren sowjetischen Verlusten hinhaltend kämpfend zum Stehen gebracht werden konnte. Demgegenüber zögerte die 25. Panzerdivision so lange mit dem Ansatz zum Gegenangriff, bis dieser, dem man aufgrund der taktischen Gegebenheiten größere Chancen als dem der 19. Panzerdivision eingeräumt hatte, frühzeitig von sowjetischen Panzerspitzen gefaßt und zurückgeschlagen werden konnte. Aufgrund dieses deutschen Fehlschlages gelang es auch nicht mehr, die entstandene Lücke zur 19. Panzerdivision angriffsweise zu schließen und die im Hauptkampffeld schwer ringende Infanterie zu entlasten[234].

Am Abend des 14. Januar hielt das XXXX. Panzerkorps mit den Resten der 6. Volksgrenadierdivision eine unzusammenhängende Linie östlich der Straße Jedlińsk – Białobrzegi, während die 251. Infanteriedivision des VIII. Armeekorps noch einen kleinen Brückenkopf südöstlich der Pilica innehatte, ansonsten aber das Westufer des Flusses verteidigte. Nördlich der Pilica-Mündung hatte die 61. Armee ihrerseits einen schmalen Brückenkopf gebildet, dessen Ausweitung durch den Einsatz örtlicher Reserven verhindert werden konnte. Insgesamt gesehen

233 Ebd.
234 Ebd., S. 22.

war den sowjetischen Angriffsverbänden östlich der Pilica ein Einbruch mit einer Tiefe von 12 km geglückt[235]; der Durchbruch stand hingegen noch bevor.

Die am Südostrand des Einbruchsraumes haltende 45. Volksgrenadierdivision hatte ebenfalls schwere Verluste hinnehmen und zur Verstärkung ihres Abschnittes das hinter der Front der 6. Volksgrenadierdivision stehende Infanterieregiment herausziehen müssen[236]; dadurch wurde die Abwehrkraft in der Tiefenzone des Einbruchsraumes erheblich geschwächt, was sich beim vorhandenen Mangel an infanteristischer Kampfkraft besonders nachteilig auswirkte. Trotzdem konnte die 45. Volksgrenadierdivision den Vorstoß von Teilen der 8. Garde-Armee nach Süden über die Radomka nicht zum Stehen bringen und sah sich frühzeitig der Gefahr der Einschließung ausgesetzt.

Noch dramatischer als vor dem Warka-Brückenkopf verlief der Kampftag beim LVI. Panzerkorps vor dem Puławy-Brückenkopf. Schon in den Vormittagsstunden war der sowjetischen 33. Armee ein tiefer Einbruch bei der 214. Infanteriedivision gelungen, der zur Gewinnung von Ciepielów, etwa 14 km westlich der HKL, führte[237]. Ein improvisierter Gegenangriff mit taktischen Reserven unter der persönlichen Führung des Divisionskommandeurs blieb erfolglos; die Zuführung der Kampfgruppe der 10. Panzergrenadierdivision durch das Generalkommando des LVI. Panzerkorps ab 10.00 Uhr erreichte zwar die Zurückgewinnung der beherrschenden Stellung bei Ciepielów, die Kampfgruppe wurde aber zunehmend in die Verteidigung gedrängt und in mehrere Gruppen aufgespaltet, so daß sie hinhaltend kämpfend in Richtung Radom ausweichen mußte[238].

Bei der sowjetischen 69. Armee wurde bereits um 13.00 Uhr das 11. Panzerkorps eingesetzt[239], das an der Naht der 17. und 214. Infanteriedivision die Front durchbrach und den Verkehrsknotenpunkt Zwoleń eroberte, womit die rückwärtige Auffangstellung im Abschnitt des LVI. Panzerkorps durchstoßen war. Gegen Abend näherte sich die Spitze des 11. Panzerkorps bereits der Stadt Radom, was nicht nur den vollzogenen Durchbruch in

235 Zum Vergleich: Geschichte, Bd 5, S. 88.
236 Großmann, S. 250.
237 Lüttwitz, 9. Armee, S. 22.
238 Schmidt, S. 260.
239 Schukow, S. 553; vgl. Geschichte, Bd 5, S. 89.

das deutsche Hinterland, sondern auch die unmittelbar bevorstehende Einschließung der noch an der Weichsel stehenden Teile der 17. Infanterie- und der 45. Volksgrenadierdivision bedeutete.

Auf dem äußersten Nordflügel der 9. Armee hatte sich die 73. Infanteriedivision schwerer Angriffe der sowjetischen 47. Armee zu erwehren, die zur Aufgabe des größten Teils des noch östlich der Weichsel gehaltenen Gebietes zwangen[240]. Mit diesem sowjetischen Erfolg war der Nordflügel der 9. Armee schwer bedroht, da außerdem mit einer doppelseitigen Umfassung des Raumes von Warschau gerechnet werden mußte.

Am Abend des 14. Januar konnte zusammengefaßt gesagt werden, daß zwar in der Mitte der Armeefront der sowjetische Durchbruch mühsam und verlustreich verhindert worden war, daß aber der Südflügel der Armee (LVI. Panzerkorps) praktisch nicht mehr existierte und dem Angreifer hier der Weg in die Tiefe des Raumes offenstand. Die Masse des VIII. Armeekorps und des LVI. Panzerkorps war entweder aufgerieben oder eingeschlossen worden[241], während die gepanzerten Reserven zum Teil schwere Einbußen erlitten hatten.

Nachdem die sowjetischen Verbände im Einbruchsraum bei Warka während der Nachtstunden weitere Geländegewinne erzielt hatten, setzte die 5. Stoß-Armee am Morgen des 15. Januar ihre Offensive unter Einsatz der 2. Garde-Panzerarmee wuchtig fort und gewann einen 4 km tiefen Brückenkopf über die Pilica östlich von Białobrzegi; ein deutscher Gegenstoß verlief erfolglos. Die sowjetischen Angriffsspitzen weiteten diesen Erfolg aus und gewannen bis zum Abend des 15. Januar die Linie nördlich von Mogielnica–Grójec, wodurch eine unmittelbare Bedrohung Warschaus von Süden her entstand. Nördlich von Warschau war die 73. Infanteriedivision über die Weichsel nach Westen zurückgeworfen worden, worauf der Gegner in der Nacht zum 16. Januar mit der Bildung eines Brückenkopfes begann[242].

240 Lüttwitz, 9. Armee, S. 23.

241 So verfügte z. B. die 6. V.Gren.Div. nur mehr über die Reste des Inf.Rgt. 58 mit ca. 200 Mann sowie über das Füs.Btl. 6 und die St.Gesch.Kp. 6 (Großmann, S. 253).

242 Lüttwitz, 9. Armee, S. 24 f.

Gleichzeitig erzwang die 8. Garde-Armee gemeinsam mit der frisch herangeführten 1. Garde-Panzerarmee unter verlustreichen Kämpfen den Durchbruch zwischen der 25. und 19. Panzerdivision nördlich von Jedlińsk, wobei allein die 19. Panzerdivision 51 sowjetische Panzer abschoß[243]. Ab diesem Zeitpunkt war jedoch das XXXX. Panzerkorps samt den unterstellten Resten der 6. Volksgrenadierdivision nicht mehr in der Lage, einen zusammenhängenden Widerstand zwischen der Radomka und der Pilica zu leisten, und leitete den Rückzug in Richtung Westen auf Nowe Miasto ein.

Da es der 45. Volksgrenadierdivision nicht mehr gelang, angriffsweise die Verbindung zur 19. Panzerdivision herzustellen, wurde sie schließlich eingeschlossen und bis auf einige Restteile aufgerieben, während die Reste des LVI. Panzerkorps versuchten, am Ostrand von Radom eine Widerstandslinie aufzubauen. Die Stadt selbst fiel rasch in die Hand der 69. Armee und des 11. Panzerkorps, worauf die Restteile des LVI. Panzerkorps in den Raum von Przysucha, etwa 33 km westlich von Radom auswichen[244]. Die Kampfgruppe der 10. Panzergrenadierdivision mußte ebenfalls infolge übermächtigen Feinddruckes am Abend des 15. Januar erneut den Rückzug antreten, konnte aber den Zusammenhang nicht mehr wahren und wurde in den folgenden Tagen völlig zersprengt; der Kommandeur geriet schließlich am 20. Januar in sowjetische Gefangenschaft[245].

Da das VIII. Armeekorps zerschlagen war, zog das Armeeoberkommando 9 dieses Generalkommando aus dem Kampf, wobei die 251. Infanteriedivision unter den Befehl des XXXXVI. Panzerkorps und der Rest der 45. Volksgrenadierdivision unter den Befehl des XXXX. Panzerkorps traten. In dieser Lage mußten seitens der 9. Armee und der Heeresgruppe A weitreichende Entschlüsse gefaßt werden, wollte man die noch kampfkräftigen Teile der Armee vor der Vernichtung bewahren.

243 O. v. Knobelsdorff, Geschichte der niedersächsischen 19. Panzer-Division, Bad Nauheim 1958, S. 280.

244 Lüttwitz, 9. Armee, S. 24 f. – Die von sowjetischer Seite dargestellte Eroberung Radoms am 16. 1. dürfte sich auf die endgültige Besitznahme der Stadt gegenüber deutschen Nachtruppen beziehen (Geschichte, Bd 5, S. 90).

245 Schmidt, S. 261.

b) Der Verlust Warschaus

Bereits am Vormittag des 15. Januar hatte General v. Lüttwitz vom Oberbefehlshaber der Heeresgruppe die Genehmigung zum Absetzen des XXXXVI. Panzerkorps nach Westen in Richtung der a-2-Stellung sowie die Aufgabe Warschaus erbeten, jedoch bis zum Abend keine entsprechende Antwort erhalten. Gerade die Bedrohung Warschaus von Nord und Süd ließ eine rasche Räumung der »Festung« als unausweichlich erscheinen. Das Oberkommando der 9. Armee hatte demnach am Abend des 15. Januar dem XXXXVI. Panzerkorps das Absetzen von der Weichsel befohlen, während der »Festungskommandant Warschau« die Stadt weiterhin verteidigen mußte, jedoch Überlegungen für den Fall der Genehmigung zur Räumung anstellen sollte[246].

Die Lage der Armee erschien in noch ungünstigerem Licht, wenn man den massierten sowjetischen Panzervorstoß gegen die offene rechte Flanke im Raum von Petrikau in Betracht zog, die durch den gegnerischen Durchbruch bei Kielce entstanden war. In dieser Situation wirkte sich der erste Eingriff der Obersten Führung nach Beginn der Abwehrschlacht aus. Hitler hatte in der Nacht zum 15. Januar trotz des Einspruchs von Guderian dem Oberkommando der Heeresgruppe Mitte die Abgabe des Panzerkorps »Großdeutschland« (General der Panzertruppe v. Saucken) an die schwer bedrängte Heeresgruppe A befohlen[247]. Dieses Panzerkorps sollte mit der Panzergrenadierdivision »Brandenburg« und der Fallschirm-Panzerdivision »Hermann Göring« ab 16. Januar der 9. Armee mittels Bahntransports zugeführt und im Raum von Petrikau (Piotrków) entladen werden; anschließend war ein Vorstoß nach Südosten über die Pilica (a-2-Linie) gegen den Raum von Końskie geplant, um dort den noch kämpfenden Teilen des XXIV. Panzerkorps und des XXXXII. Armeekorps die Hand zu reichen und die Durchbruchslücke an der Naht zur 4. Panzerarmee notdürftig zu schließen[248].

Die Abgaben der Heeresgruppe Mitte trafen mit den ersten infanteristischen Teilen am Mittag des 16. Januar südlich von

246 Lüttwitz, 9. Armee, S. 24.
247 Guderian, S. 356; vgl. Abwehrkämpfe, S. 304.
248 S. auch Spaeter, S. 183.

Petrikau ein, wo sie unverzüglich Sicherungsaufgaben zu übernehmen hatten; die kampfstarken Einheiten der beiden Divisionen hingegen traten erst in den folgenden Tagen auf dem Schlachtfeld in Erscheinung, wobei sie infolge des raschen sowjetischen Geländegewinns schon im Raum um Kutno – Łódź ausgeladen wurden, was eine unerwünschte Aufsplitterung bedeutete. Da die beiden Divisionen außerdem über sehr wenig Betriebsstoff verfügten, war ein koordinierter Angriff zum Entsatz der beiden eingeschlossenen Korps, die sich in Richtung Paradyź (etwa 30 km südöstlich von Petrikau) zurückzukämpfen versuchten, vorläufig illusorisch[249].

Die Verlegung des Panzerkorps »Großdeutschland« in den Bereich der Heeresgruppe A ist bis heute Gegenstand militärgeschichtlicher Kritik an Hitler gewesen[250]. Einerseits wurde argumentiert, daß das Panzerkorps zu spät eingetroffen sei, um den bereits erzwungenen Durchbruch bei der Heeresgruppe A zu verhindern, und andererseits führte man ins Treffen, daß Hitler das hochbewährte Korps der Heeresgruppe Mitte in Ostpreußen zu einem Zeitpunkt entzogen hätte, als es darum ging, den sich abzeichnenden sowjetischen Durchbruch bei der 2. Armee an der Narew-Front mit allen Mitteln zu vereiteln[251]. Ob das letztgenannte Vorhaben im Falle des Verbleibens des Panzerkorps bei der Heeresgruppe Mitte erfolgreich gewesen wäre, steht jenseits der historischen Analyse; andrerseits vertrat die deutsche Oberste Führung den Standpunkt, daß die Entwicklung bei der Heeresgruppe A bedrohlicher als bei der 2. Armee zu werten sei und daher eine sofortige Zuführung von Reserven verlange.

Inzwischen hatte der 16. Januar im Abschnitt der 9. Armee weitere schnelle Erfolge des Angreifers gebracht, die es äußerst fraglich erscheinen ließen, ob der Einsatz des Panzerkorps »Großdeutschland« noch eine Verzögerung des sowjetischen Vormarsches bewirken könne. Während die Reste des LVI. Panzerkorps in den Raum nordöstlich von Opoczno auswichen, fiel dessen Kommandierender General, General der Infanterie

249 Lüttwitz, 9. Armee, S. 27.

250 Vgl. Guderian, S. 356; Bauer, S. 237; H. Großmann und K. Dieckert, Der Kampf um Ostpreußen. Ein authentischer Dokumentarbericht, München 1960, S. 99, zit. Großmann/Dieckert.

251 Spaeter, S. 262 ff.

Block, im Kampf mit sowjetischen Panzern[252]; gleichzeitig vereinigten sich die inneren Flügel der 1. Weißrussischen und 1. Ukrainischen Front bei Szydłowiec. Weiter nördlich wich das XXXX. Panzerkorps hinhaltend kämpfend in Richtung Tomaszów an der Pilica aus, obwohl die Versorgungslage außerordentliche Schwierigkeiten bereitete.

Während Teile der Panzergrenadierdivision »Brandenburg« ihren Ausladeraum südlich von Petrikau verteidigten, zielte ein sowjetischer Panzerstoß auf den deutschen Brückenkopf bei Sulejów an der Pilica, der vorerst abgeschlagen werden konnte. Gegen Abend standen Vorausabteilungen der sowjetischen 4. Panzerarmee bereits vor Petrikau und drangen von Süden her in die Stadt ein, so daß nicht nur der Versammlungsraum für das Panzerkorps »Großdeutschland« nach Łódź zurückverlegt werden mußte, sondern auch dem XXXX. Panzerkorps die Umfassung der rechten Flanke drohte.

Nördlich der Pilica sah sich das XXXXVI. Panzerkorps (General der Panzertruppe Fries) immer stärkerem Feinddruck ausgesetzt, da die 61. Armee, die 5. Stoß-Armee, die 2. Garde-Panzerarmee und das 2. Garde-Kavalleriekorps unaufhaltsam nach Nordwesten vorstießen und am Abend des 16. Januar die Rawka und Bzura gewannen. Die sowjetischen Angriffsspitzen standen vor Sochaczew und Rawa Mazowiecka, wodurch sie dem XXXXVI. Panzerkorps den Rückzugsweg nach Westen und Südwesten versperrten, während gleichzeitig die sowjetische 47. Armee Warschau über die Weichsel von Norden her bedrohte[253].

In dieser Lage erging um 20.13 Uhr vom Oberkommando der Heeresgruppe A der Befehl an das Armeeoberkommando 9, der den Festungskommandanten Warschau zur sofortigen Räumung der Stadt ermächtigte; das XXXXVI. Panzerkorps sollte hierbei in Richtung Sochaczew ausbrechen und den Anschluß an den Südflügel der Heeresgruppe Mitte bei Hohenburg (Wyszogród) halten[254]. Die Weiterleitung dieses Befehls an den Festungskommandanten veranlaßte die Festungsbesatzung zur unverzüglichen Vernichtung der nicht mitzuführenden Waffen und Vor-

252 Lüttwitz, 9. Armee, S. 26.
253 Ebd., S. 27 f.
254 Ebd., S. 27.

räte und hierauf zum Abzug aus der Stadt, um die Verbindung zu den weiter westlich stehenden Teilen des XXXXVI. Panzerkorps herzustellen.

Der »Räumungsbefehl Warschau« war vom Generalstab des Heeres ausgegangen, nachdem Guderian und die maßgeblichen Offiziere der Operationsabteilung den Verlust der Stadt als unmittelbar bevorstehend und das Absetzen des XXXXVI. Panzerkorps als unvermeidlich angesehen hatten[255]. Nachdem sich jedoch während des Lagevortrages des Generalstabschefs bei Hitler in den Abendstunden herausgestellt hatte, daß Warschau noch in eigener Hand, die Räumung hingegen schon eingeleitet sei, befahl Hitler entgegen den Vorhaltungen Guderians die weitere Verteidigung der Stadt.

Dieser bei der Heeresgruppe A eingegangene Befehl wurde von Generaloberst Harpe kurz vor 23.00 Uhr an den Oberbefehlshaber der 9. Armee telephonisch weitergeleitet, der jedoch in Anbetracht der in vollem Umfang befindlichen Räumung nichts weiter veranlaßte[256]. Die Stadt wurde schließlich durch Teile der sowjetischen 47. und 61. Armee sowie durch die 1. polnische Armee bis zum Mittag des 17. Januar zur Gänze besetzt[257].

Der Rückzug der etwa eine Brigade umfassenden Kräfte der Warschauer Besatzung gestaltete sich mühsam, gewann aber im Laufe des 17. Januar Anschluß an die übrigen Teile des XXXXVI. Panzerkorps, das inzwischen im Ausweichen auf die Bzura-Stellung südlich von Wyszogród (a-2-Stellung) begriffen war.

255 Guderian, S. 359. – Bei Guderian entsteht der Eindruck, daß es sich hierbei um den Abend des 17. 1. gehandelt habe, was aber nicht den Tatsachen entspricht; tatsächlich fand die Räumung der Stadt in der Nacht zum 17. 1. statt, da in den Morgenstunden des 17. 1. bereits sowjetische und polnische Truppen in Warschau eindrangen.

256 Lüttwitz, 9. Armee, S. 27; dieses Nichtweiterleiten des Befehls am 16. 1., der die Besetzung Warschaus bestenfalls hätte verzögern können, wurde General v. Lüttwitz nach seiner Entbindung vom Oberbefehl über die 9. Armee am 21. 1. anläßlich seiner Vernehmung durch das Reichskriegsgericht in Torgau (Januar/Februar/März 1945) zum Gegenstand einer Befragung gemacht; Lüttwitz verteidigte auch zu diesem Zeitpunkt die Zweckmäßigkeit und Rechtmäßigkeit des Handelns seitens des ehemaligen Festungskommandanten Warschaus (vgl. ebd., S. 35). Zu den Maßnahmen Hitlers gegenüber Guderian und anderen Angehörigen des Generalstabes als Reaktion auf die Räumung Warschaus sei auf die entsprechenden Passagen bei Guderian (S. 360 f.) verwiesen.

257 Geschichte, Bd 5, S. 91 f.

Der 17. Januar stand im Zeichen des fortschreitenden sowjetischen Vormarsches auf Łódź und Łowicz; wenn auch das OKH noch in der Nacht zum 17. Januar den Aufbau einer neuen Front zwischen der Pilica bei Tomaszów und Warschau gefordert hatte[258], so gingen die Ereignisse über dieses Postulat schnell hinweg.

Nachdem auf dem rechten Flügel der Armee Sulejów, Petrikau und Tomaszów verloren gegangen waren, mußten die bereits eingetroffenen Teile des Panzerkorps »Großdeutschland« und die Divisionen des XXXX. Panzerkorps bis zum Abend auf die Linie Wadlew – Grabica – Wolborz – Ujazd – östlich von Löwenstadt (Brzeziny) zurückweichen. In den Abendstunden drangen zirka 30 sowjetische Panzer in Zgierz (nördlich von Łódź) ein, wodurch sich das dort befindliche Armeeoberkommando 9 zum schleunigen Gefechtsstandwechsel nach Łask (25 km südwestlich von Łódź) gezwungen sah[259].

Auf dem Nordflügel war das Generalkommando des XXXXVI. Panzerkorps bereits in der Nacht zum 17. Januar nach Wyszogród nördlich der Weichsel ausgewichen; sein Auftrag, die Bzura-Stellung zu besetzen, das aufgegebene Sochaczew wieder zu gewinnen und die a-2-Stellung bis Skierniewice wieder in Besitz zu nehmen, konnte nur auf dem Nordabschnitt erfüllt werden, da erhebliche Teile des Korps (337. Volksgrenadierdivision) noch östlich der Bzura standen, während ein sowjetischer Panzerverband Łowicz eroberte, wodurch dem Korps die Umfassung der rechten offenen Flanke drohte.

Am Abend des 17. Januar war im gesamten Bereich der 9. Armee abzusehen, daß der sowjetische Vormarsch kaum mehr verzögert werden konnte (siehe Skizze 6); dem Panzerkorps »Großdeutschland« konnte es nur mehr kurze Zeit gelingen, seine Stellung südlich von Łódź zu halten; von einer offensiven Kampfführung zur Verbindungsaufnahme mit den Teilen des eingeschlossenen XXIV. Panzerkorps und des XXXXII. Armeekorps konnte nicht mehr die Rede sein, da weder die Kräfte noch der Treibstoff für ein solches Unternehmen reichten. Trotz eifriger Bemühungen des Kommandierenden Generals und des Oberbefehlshabers der 9. Armee, in der Nacht zum 19. Januar mit

258 Lüttwitz, 9. Armee, S. 28.

259 Ebd., S. 30.

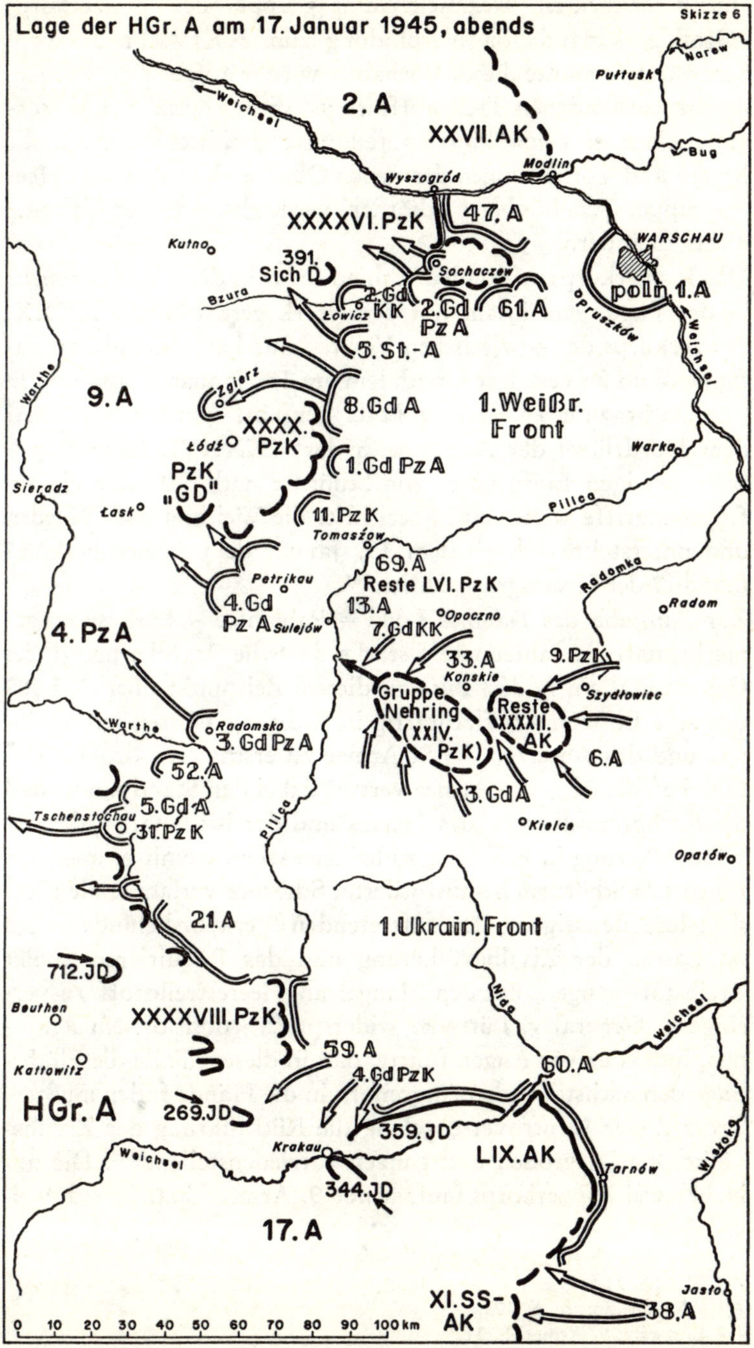
Lage der HGr. A am 17. Januar 1945, abends
Skizze 6
2. A
XXVII. AK
Weichsel
Narew
Pułtusk
Bug
Modlin
Wyszogród
XXXXVI. PzK
47. A
WARSCHAU
Kutno
391. Sich D
Sochaczew
Bzura
2. Gd KK
Łowicz
2. Gd Pz A
61. A
poln. 1. A
Pruszków
5. St.-A
Warthe
9. A
Zgierz
8. Gd A
1. Weißr. Front
XXXX. PzK
Łódź
1. Gd Pz A
Warka
PzK „GD"
Sieradz
Łask
11. Pz K
Pilica
Tomaszów
69. A
Reste LVI. Pz K
Radomka
Petrikau
Radom
4. Gd Pz A
13. A
Opoczno
Sulejów
7. Gd KK
4. Pz A
33. A
9. PzK
Konskie
Gruppe Nehring (XXIV. PzK)
Reste XXXXII. AK
Szydłowiec
Radomsko
3. Gd Pz A
6. A
52. A
5. Gd A
3. Gd A
Tschenstochau
31. Pz K
Kielce
Opatów
21. A
1. Ukrain. Front
712. JD
Beuthen
XXXXVIII. PzK
Nida
59. A
60. A
Kattowitz
4. Gd PzK
HGr. A
269. JD
359. JD
Weichsel
Krakau
LIX. AK
Tarnów
Wisłoka
344. JD
17. A
Jasło
XI. SS-AK
38. A
0 10 20 30 40 50 60 70 80 90 100 km

einer verstärkten Regimentskampfgruppe des Panzerkorps »Großdeutschland« die Verbindung zum XXIV. Panzerkorps herzustellen, mußte dieses Vorhaben wieder aufgegeben werden, da die vorhandenen Treibstoffmengen nicht einmal zur Versorgung einer einzigen Panzerabteilung ausreichten[260]. Auch die Rügen und Vorhaltungen des neuen Oberbefehlshabers der Heeresgruppe, Generaloberst Schörner, vermochten an der Tatsache nichts zu ändern.

Das Panzerkorps »Großdeutschland« war in der Folge nur mehr in der Lage, gemeinsam mit dem stark geschwächten XXXX. Panzerkorps den sowjetischen Vorstoß auf Łask–Sieradz aufzufangen und zu verzögern, nachdem am 18. Januar Kutno und in der Nacht zum 19. Januar Łódź geräumt worden war. Auf dem Nordflügel der Armee wich das XXXXVI. Panzerkorps trotz heftigen Einspruches von Schörner nach Scheitern einiger Gegenangriffe weiter aus, überschritt die Weichsel nach Norden und unterstellte sich ab dem 19. Januar dem Armeeoberkommando 2 der Heeresgruppe Mitte[261].

Zur Aufgabe des Raumes Łódź – Pabianice – Łask sei angemerkt, daß die zahlenmäßig starke deutsche Bevölkerung dieses Gebietes (allein Łódź zählte zu diesem Zeitpunkt über 100 000 deutsche Einwohner) fluchtartig in Richtung Westen zurückflutete und das Absetzen der 9. Armee zu erschweren drohte. Der Oberbefehlshaber der Armee vertrat dabei den Standpunkt, daß die Kampfhandlungen des Heeres und der Rückmarsch der Zivilbevölkerung in Einklang zu bringen seien, womit er aber den Einspruch Schörners herausforderte; Schörner verlangte die rücksichtslose Beseitigung der auftretenden Verkehrsbehinderungen zu Lasten der Zivilbevölkerung und das Requirieren ziviler Treibstoffmengen, um den Mangel an Heerestreibstoff zu verringern. General v. Lüttwitz widersprach jedoch diesem Ansinnen, indem er vor Augen führte, daß in diesem Falle die Flüchtlinge den nachstoßenden Angreifern in die Hände fallen mußten. Trotz dieser Kontroverse gelang die Rückführung der Zivilbevölkerung im großen und ganzen zufriedenstellend[262]. Die nur mehr zwei Panzerkorps umfassende 9. Armee kämpfte sich wei-

260 Ebd., S. 31 f.
261 Abwehrkämpfe, S. 305.
262 Lüttwitz, 9. Armee, S. 31.

ter in Richtung Kalisz – Krotoszyn zurück, während Teile des eingeschlossenen XXIV. Panzerkorps am 22. Januar auf Nachhuten des Panzerkorps »Großdeutschland« (Panzergrenadierdivision »Brandenburg«) an der Warthe südöstlich von Sieradz stießen[263]. Im Zuge des weiteren Rückzugskampfes gewann die Kampfgruppe des XXIV. Panzerkorps (16. Panzerdivision) am 27. Januar die deutschen Linien bei Glogau an der Oder[264].

Der Verlust Warschaus am 17. Januar bedeutet auch den Abschluß der Schlacht an der Weichsel (siehe Skizze 6). Die folgenden Kampfhandlungen der 9. Armee zählen ebenso wie die der 4. Panzerarmee bereits zur unmittelbaren Verteidigung des Reichsgebietes und sollen daher unberücksichtigt bleiben.

263 Spaeter, S. 276.
264 Werthen, S. 232.

V. Ausblick und Erfahrungen

1. Kräftezuführungen an die Ostfront

Der Zusammenbruch der 9. Armee und der 4. Panzerarmee an der Weichsel stellte nicht nur eine katastrophale Niederlage für die Heeresgruppe A dar, sondern beseitigte auch – zusammen mit der Zertrümmerung der Heeresgruppe Mitte im ostpreußischen Raum – die letzten Hoffnungen der deutschen Führung auf eine erfolgreiche Behauptung der Ostfront zwischen der Ostsee und den Karpaten. Die deutsche Niederlage im Januar 1945 übertraf sowohl an räumlicher Ausdehnung als auch an Einbußen die ärgsten Befürchtungen: Zwischen Memel und Krakau strebten 4 sowjetische Fronten auf einer Breite von 600 km in die Tiefe des Raumes; die Masse von 2 deutschen Armeen galt als aufgerieben (9. Armee, 4. Panzerarmee), während die Hauptkräfte der Heeresgruppe Mitte (4. Armee, 3. Panzerarmee) in Ostpreußen eingeschlossen wurden und der Vernichtung entgegensahen. Die wenigen deutschen Reserven an schnellen Divisionen waren entweder in den Strudel der Durchbruchsschlachten gerissen worden oder hatten sich unter schweren Verlusten den Weg aus der gegnerischen Einschließung erkämpfen müssen. Ende Januar 1945 standen die sowjetischen Angriffsspitzen an der Oder bei Küstrin und Frankfurt und hatten sich damit der Reichshauptstadt auf 60 km genähert.

Auch die sowjetischen Angriffsverbände, insbesondere die gepanzerten Truppen, hatten schwere Verluste hinnehmen müssen[265]. Da infolge des raschen Rückzugstempos deutscher-

265 Schukow (S. 565 f.) spricht von hohen Verlusten der beiden Panzerarmeen der 1. Weißrussischen Front; sie besaßen Ende Januar/Anfang Februar insgesamt nur mehr 740 Panzer, während die Panzerbrigaden im Durchschnitt nur über 40 Panzer und weniger verfügten. Die Schützendivisionen hatten zu diesem Zeitpunkt einen Durchschnittsbestand von 5 500 Mann (in der 8. Garde-Armee verfügte man pro Division über 3 800 – 4 800 Mann).

seits eine annähernd genaue Registrierung der außer Gefecht gesetzten Feindpanzer nicht erfolgen konnte, war man primär auf Gefangenenaussagen angewiesen. Nach Angaben sowjetischer Offiziere sollen bis zum 21. Januar 1945 die 3. Garde-Panzerarmee und die 4. Panzerarmee rund 50 Prozent ihres Panzerbestandes eingebüßt haben, während die 1. Garde-Panzerarmee rund 40 Prozent Panzerverluste zu verzeichnen hatte[266]. Ein Großteil der aufgetretenen Verluste dürfte hierbei auf Materialschäden und Witterungseinflüsse zurückzuführen sein. Dieser Aspekt trägt auch zur Erklärung der Bereitstellung außerordentlich zahlreicher Panzerformationen vor Angriffsbeginn auf sowjetischer Seite bei. Da jedoch starke Ersatzzuführungen im Gange waren, mußte mit einem baldigen Auffüllen der geschwächten Verbände und mit einer Fortsetzung der Angriffsoperationen gerechnet werden.

Im Abschnitt der Heeresgruppe A konnte Mitte Januar nur mehr der Südflügel mit der 17. Armee und der 1. Panzerarmee als einigermaßen kampffähig bezeichnet werden, die jedoch durch die Angriffe der 4. Ukrainischen Front in der Slowakei und in Südpolen gebunden waren. Es stand damit vorläufig nur das »Reservoir« dieser beiden Armeen zur Verfügung, aus dem Kräfte herausgezogen und den bedrohten Nachbararmeen zugeführt werden konnten, solange nicht die Oberste Führung andere Aushilfen ergriff.

Bis zum 17. Januar war die 359. Infanteriedivision aus der Front des LIX. Armeekorps gelöst und nordöstlich von Krakau eingesetzt worden; die im Raume von Tarnów kurzfristig aufgefrischte 344. Infanteriedivision wurde unmittelbar zum Schutze Krakaus eingesetzt, während das Panzer-Armeeoberkommando 1 die 75. Infanterie- und 97. Jägerdivision zur Deckung des oberschlesischen Industriegebietes abgeben mußte[267]. Kurze Zeit später erfolgte die Abgabe der 100. Jägerdivision in den Raum von Heidebrek (Schlesien), während die Heeresgruppe Süd die 8. und 20. Panzerdivision von Ungarn nach Schlesien in Marsch setzen mußte[268].

266 OKH/GenStdH/Abt. Fremde Heere Ost: Kurze Beurteilung der Feindlage vom 24. 1. 1945: Feindpanzerverluste (Meldung vom 21. 1. 1945), in: BA-MA, H 3/211.

267 OKH/GenStdH/Op.Abt. IIIb, Lage Ost vom 17. 1. 1945, Prüfnummer 52 322, BA-MA, o.S.

268 KTB OKW IV/2, S. 1025.

Darüber hinaus befanden sich ab dem 16. Januar von der Westfront die 712. und 269. Infanteriedivision im Antransport in den Raum von Beuthen beziehungsweise Krakau; diese Abgaben gingen auf den Befehl Hitlers vom 13. Januar zurück und stehen in direktem Zusammenhang mit dem schrittweisen Herauslösen von Verbänden aus dem Kampfraum im Westen[269], was zeitlich mit dem stillen Eingeständnis der Obersten Führung zusammenfiel, daß die Ardennen-Offensive gescheitert sei.

Schon am 8. Januar hatte Hitler befohlen, die Masse der 6. (SS-) Panzerarmee (I. und II. SS-Panzerkorps) herauszulösen und hinter der Heeresgruppe G kurzzeitig aufzufrischen[270]. Am 16. Januar kam es wegen der künftigen Verwendung der 6. (SS-) Panzerarmee zu einer Auseinandersetzung zwischen Hitler und Guderian, als der Generalstabschef gegen den ihm bekanntgewordenen Entschluß Hitlers, die Divisionen der Armee nach Ungarn zu transportieren, protestierte. Nach Ansicht Guderians mußten die an der Westfront freiwerdenden Kräfte unverzüglich hinter die Mitte der durchbrochenen Ostfront verlegt werden, um gegen die bedrohlichsten sowjetischen Vorstöße in Richtung auf Berlin zur Wirkung zu kommen[271].

Demgegenüber bestand Hitler auf der Zuführung der 6. (SS-) Panzerarmee nach Ungarn zur Heeresgruppe Süd, um das eingeschlossene Budapest freizukämpfen und die westungarischen Erdölquellen zu sichern. Der Oberbefehlshaber West erhielt hierauf am 20. Januar die Weisung, das I. SS-Panzerkorps (1., 12. SS-Panzerdivision) samt den Korpstruppen zum Abtransport nach Osten bereitzustellen[272]. Demzufolge wurden bis zum 24. Januar die vier Panzerdivisionen der 6. (SS-)Panzerarmee (1., 2., 9., 12. SS-Panzerdivision) herausgelöst und ab Anfang Februar dem Oberkommando der Heeresgruppe Süd zugeführt[273].

Da die genannten Verbände für den Abschnitt der Heeresgruppe A (am 25. Januar umbenannt in Heeresgruppe Mitte) nicht in Frage kamen, mußte diese das Eintreffen weiterer

269 Jung, S. 193; vgl. KTB OKW IV/2, S. 1307; bereits am 14. 1. war der Befehl zur Abgabe der 356. Inf.Div. (Südwestfront) an die HGr. Süd ergangen; von der Westfront kam außerdem die 711. Inf.Div. nach Ungarn (KTB OKW IV/2, S. 1017, 1307).

270 KTB OKW IV/2, S. 1346 f.

271 Vgl. Guderian, S. 337; Warlimont, S. 531.

272 KTB OKW IV/2, S. 1354.

273 Jung, S. 194; KTB OKW IV/2, S. 1357.

Abgaben aus dem Westen abwarten. Bis zum 29. beziehungsweise 31. Januar war die Zuführung des XXXIX. Panzerkorps mit der 21. Panzer- und der 25. Panzergrenadierdivision, darüber hinaus der Führer-Begleitbrigade und der Führer-Grenadierbrigade in den Raum Frankfurt/Oder–Kottbus befohlen, während bis Ende Januar 4 Divisionen aus dem Kurland-Brückenkopf abgezogen werden sollten[274].

Alle diese teils befohlenen, teils vorgesehenen Maßnahmen konnten jedoch das Schicksal der geschlagenen Heeresgruppe A nicht mehr wenden, da der Entschluß zur Kräftezuführung viel zu spät gefaßt worden war, um noch die sowjetische Offensive östlich der Warthe beziehungsweise östlich der Oder zum Stehen zu bringen. In der Masse trafen die deutschen Verstärkungen erst Anfang Februar in den vorgesehenen Räumen ein, wo sie unverzüglich zum Aufbau einer neuen Front eingesetzt wurden. Wenn es auch gelang, bis zum 12. Februar 33 Divisionen durch Herauslösen aus verschiedenen Fronten beziehungsweise durch Neuaufstellungen der gesamten Ostfront zur Verfügung zu stellen[275], so war völlig klar, daß diese Verstärkungen an der unwiderruflich gefallenen Entscheidung im Osten nichts mehr ändern konnten. Andererseits zeigt diese Maßnahme, zu welchem Kräfteaufgebot die deutsche Wehrmacht in der Endphase des Krieges noch fähig sein konnte, sofern man sich zu einem kompromißlosen Entschluß durchrang!
In diesem Zusammenhang sei besonders auf die oftmals erhobene Forderung Guderians nach Räumung des Kurland-Brückenkopfes verwiesen, die dieser am 16. Januar ebenfalls wiederholt hatte[276]. Immerhin standen dort zwei kampferfahrene Armeen in einer isolierten Position, wobei die Relation zu den gegenüberstehenden sowjetischen Kräften nicht so entscheidend ins Gewicht fiel, als daß durch die Bindung dieser Kräfte eine fühlbare Entlastung der übrigen deutschen Ostfront eingetreten wäre[277]; die sowjetische Seite war im Gegenteil dazu in der Lage, unter Ausnutzung der Landverbindung in kurzer Frist Verbände vor der Front des Brückenkopfes abzuziehen und sie an beliebiger

274 KTB OKW IV/2, S. 1308; vgl. Warlimont, S. 530.
275 KTB OKW IV/2, S. 1150 bzw. 1308.
276 Guderian, S. 358; Speer, S. 428 f.
277 Zum Vergleich: Abwehrkämpfe, S. 176 f.; Großmann/Dieckert, S. 80.

Stelle einzusetzen, während deutscherseits für die entsprechende Maßnahme nur der Seeweg zur Verfügung stand. Der Abtransport einzelner deutscher Divisionen aus Kurland bedeutete nur einen »Tropfen auf dem heißen Stein«, zumal am 1. März 1945 immer noch 22 Divisionen beziehungsweise Kampfgruppen, darunter 2 Panzerdivisionen, im Brückenkopf gebunden waren[278]. Unter diesem Gesichtswinkel ist das Tauziehen des deutschen Generalstabschefs mit Hitler und Jodl um die Zuführung ausreichender Reserven an die Ostfront vor und während des Zusammenbruchs der Heeresgruppe A beziehungsweise Mitte zu verstehen. Diese Kräftezuführungen konnten niemals so umfangreich sein, um mit Aussicht auf Erfolg dem sowjetischen Großangriff standzuhalten. Für die historische Beurteilung der verbliebenen Möglichkeiten können die verschiedenen dienstlichen und außerdienstlichen Äußerungen beteiligter Persönlichkeiten herangezogen werden, die – vereinfacht ausgedrückt – radikale Frontverkürzungen, Aufgabe bedrohter Stellungsabschnitte und die Bereitstellung namhafter Reserven als unumgänglich erachtet hatten, um die sowjetische Offensive erfolgreich bestehen zu können[279]. Diese Feststellung möge zur abschließenden Auswertung der deutschen Erfahrungen bei der Abwehr sowjetischer Großangriffe im letzten Kriegsabschnitt überleiten.

2. Auswertung des sowjetischen Angriffsverfahrens

Im Zuge der sowjetischen Großoffensiven gegen die deutschen Ostgrenzen Anfang 1945 wandte die sowjetische Führung ein Angriffsverfahren an, das sowohl im Ansatz als auch in der Durchführung von der deutschen Seite weitgehend erkannt wurde. Zukunftweisende Züge dieses Angriffsverfahrens hatte man schon im Sommer und Herbst 1944, zum Beispiel im Zuge des Angriffes gegen die Heeresgruppe Nordukraine,

278 Schematische Kriegsgliederung vom 1. 3. 1945, in: KTB OKW IV/2, S. 1897.

279 Rendulic, S. 505; Lüttwitz, 9. Armee, S. 36; zu den wirtschaftlichen Maßnahmen s. Speer, S. 429 f.

festgestellt[280]. Alle diese Erfahrungen wurden zusammen mit erbeuteten gegnerischen Vorschriften im Generalstab des Heeres ausgewertet, wobei die Abteilung Fremde Heere Ost das Ergebnis in gesonderten Ausarbeitungen festhielt und je nach Dringlichkeit nachgeordneten Dienststellen zur Kenntnis brachte[281]. Wenn auch die Auswertung infolge der entscheidend verschlechterten Gesamtlage kaum mehr zur Nutzanwendung auf der Ebene der unteren Führung kommen konnte, so bietet sie tiefe Einblicke in die hochentwickelte Angriffstaktik der Roten Armee auf dem Höhepunkt ihrer Erfolge (siehe Anlage 8).

Die sowjetische »Anweisung zum Durchbruch befestigter Stellungen« hielt zunächst die Bedeutung aller Arten von Aufklärung fest und hob hervor, daß kurz vor Offensivbeginn seitens des Armeestabes eine »bewaffnete Aufklärung« durch ein verstärktes Bataillon je Schützendivision auf breiter Front angesetzt werden sollte[282]. Genaue Hinweise betrafen die Angriffsgliederung und die Tiefenstaffelung der am 1. Tag der Offensive eingesetzten Verbände und Heereskörper; die Angriffsbreite der Schützendivisionen betrug hierbei 2–3 km, die der Schützenkorps 4–6 km und die der Armeen 10–15 km, also eine außerordentliche Dichte der Durchbruchsverbände. Die Tiefenstaffelung der Armeen und der Schützenkorps sah im allgemeinen 2 Wellen vor, während bei den Schützendivisionen entweder 3 tiefgestaffelte Regimentsgruppen nebeneinander bereitgestellt wurden oder 1 Regiment in der zweiten Welle der Division zum Einsatz kam[283]. Im großen und ganzen galt die Regel, daß die Angriffsverbände um so tiefer gestaffelt werden mußten, je größer sich die Tiefe des gegnerischen Hauptkampffeldes erwies.

Das erste Angriffsziel der Divisionen lag beim rückwärtigen Rand des Hauptkampffeldes, das der Korps hinter dem Artillerie-Stellungsraum und das der Armeen hinter der rückwärtigen Stellung des Gegners. Die Unterstützung der Schützendivisionen durch Panzerkräfte in Schwergewichtsabschnitten konnte bis zu 2–3 Panzerregimenter, 2–3 Sturmgeschützregimenter und 1 Kompanie Flammenwerfer-Panzer betragen; eine Unterteilung

280 Abwehr sowjetischer Großangriffe, S. 270–274; vgl. Kriegserfahrungen in der Verteidigung, S. 433 ff.

281 FHO, Anweisung zum Durchbruch befestigter Stellungen.

282 Ebd., S. 1.

283 Ebd.; vgl. E. Jetzl, Die Taktik in der Führungslehre der Sowjetarmee (II),

der Panzertruppen unterhalb des selbständigen Regiments war untersagt[284]. Die Durchbruchsgliederung sah zunächst 2 Wellen von Panzern vor: in der 1. Welle (Staffel) griffen mittlere Kampfpanzer und Räumpanzer an, während die 2. Welle, bestehend aus schweren Kampfpanzern, Sturmgeschützen und Flammenwerfer-Panzern, den Angriff der 1. Panzerstaffel fortlaufend unterstützen sollte. Zum Einsatz der Infanterie liegen Hinweise vor, wonach die 1. Staffel der Infanterie einerseits hinter der 1. Panzerstaffel, andererseits hinter der 2. Panzerstaffel vorging[285]. Die sowjetische Vorschrift »Führung des Durchbruchs« spricht hierbei von einem Abstand von 100 bis 400 m zwischen der 1. und 2. Panzerstaffel, während zwischen der dahinter folgenden 1. und 2. Infanteriestaffel ein Zwischenraum von 300 bis 500 m vorhanden sein sollte; die 3. Infanteriestaffel, das heißt die 3. Staffel der Schützenregimenter beziehungsweise die 2. Staffel der Schützendivisionen (falls die Division in zwei Staffeln angriff), sollte schließlich in einem Abstand von 800 bis 1500 m dahinter folgen[286].

Zur Ausweitung des Angriffserfolges war es Aufgabe der 2. Staffeln der Schützenkorps, den Durchbruch durch das Hauptkampffeld zu vollenden; war dies gelungen, so setzte der Armeeoberbefehlshaber die 2. Staffel der Armee zum Angriff auf die rückwärtige gegnerische Stellung ein, wenn nicht im Falle einer unzureichenden Besetzung dieser Stellung »im Interesse des Zeitgewinns der Entschluß zu deren Inbesitznahme aus der Bewegung« von den Korps- und Divisionskommandeuren selbständig gefaßt wurde[287].

Großen Wert legte die Vorschrift auf das sorgfältige Zusammen-

284 FHO ‚Anweisung zum Durchbruch befestigter Stellungen, S. 2. in: Truppendienst 1972, H. 4, S. 333–339, hier: S. 335, zit. Jetzl.

285 Zum Vergleich: Middeldorf, S. 194–196; zur Gliederung der Panzerverbände: Die sowjetischen Panzertruppen, S. 253 ff.

286 FHO, Anweisung zum Durchbruch befestigter Stellungen, S. 5 f. Hierbei zeigte sich hinsichtlich der Kräfteverteilung folgendes Bild: Griff die Division mit drei tiefgestaffelten Regimentsgruppen nebeneinander an, so bestand jede Infanteriestaffel aus 3 Bataillonen (pro Regiment 1 Bataillon je Staffel); ging die Division hingegen in zwei Staffeln gegliedert vor, wobei sich 2 Regimenter in der 1. Divisions-Staffel befanden, so standen insgesamt 4 Bataillone in der 1. Regimentsstaffel, 2 in der 2. Regimentsstaffel, während 3 Bataillone (3. Regiment) die 2. Divisionsstaffel bildeten.

 287 Ebd., S. 7.

wirken von Artillerie, Infanterie und Panzertruppen. Bei der Artillerie unterschied man Regiments-, Divisions-, Korps- und Armeeartillerie, wobei den Regiments- und Divisions-Artilleriegruppen außerdem Granatwerfer und Salvengeschütze als Verstärkung zur Bekämpfung der gegnerischen Infanterie zugeteilt werden konnten. Als wirksamste Unterstützungsart nach Beendigung des Vorbereitungsfeuers galt die Schaffung einer »Feuerwalze« durch 5–6 Artillerieabteilungen je Kilometer, die bis zu einer Tiefe von 1,5 bis 2 km in »Sprüngen« zu 50 bis 100 m erfolgte, wobei man den Übergang zur »Feuerwalze« durch eine dichte Schußfolge zu verschleiern versuchte[288]. Die artilleristische Unterstützung des Angriffes wurde aus der Luft ergänzt durch den massierten Einsatz von Schlachtfliegern, Sturzkampfbombern und taktischen Bombern[289].

Detaillierte Ausführungen regelten darüber hinaus die Bereitstellung und das stufenweise Vortragen des Durchbruchsangriffs, indem befohlen wurde, ständig aus der Tiefe des Raumes Kräfte nachzuschieben und den Schwung der Angriffsspitzen zu nähern sowie die umgangenen Stützpunkte und Widerstandsnester des Gegners durch die nachfolgenden 2. Staffeln der Korps und Armeen zu vernichten. Auf keinen Fall sollte das Beseitigen der durchbrochenen, im Hauptkampffeld noch Widerstand leistenden Feindteile zu Lasten des Angriffsschwungs gehen: »Der im Fluß befindliche Angriff soll unaufhaltsam und ungestüm vorgetragen werden! Anhalten der Infanterie in den Feindgräben ist nicht zulässig[290].«

Neben den Anweisungen für die pioniertechnische Unterstützung des Durchbruches und die Beseitigung von Sperren wurde großes Augenmerk auf die Vorbereitung zur Abwehr eventueller Gegenstöße oder Gegenangriffe gelegt. Hierbei solllen die Panzerabwehrreserven der Regimenter und Divisionen in Zusammenarbeit mit der Artillerie besonders auf die Sicherung panzergefährdeter Richtungen bedacht sein; im Falle gegnerischer Infan-

288 Während des Vorbereitungs- bzw. Vernichtungsfeuers waren mehrere Scheinvorverlegungen des Artilleriefeuers vorgesehen, um die Verteidiger über den Zeitpunkt des Beginns des Sturmangriffs im unklaren zu lassen und die gegnerische Infanterie zum Verlassen der Unterstände und zum Beziehen der Stellungen zu verleiten; vgl. Jetzl, S. 337.

289 FHO, Anweisung zum Durchbruch befestigter Stellungen, S. 5.

290 Ebd.

terie- und Panzerangriffe größeren Ausmaßes sollten die schweren Panzer und Selbstfahrlafetten rückwärtiger Staffeln den Feuerkampf aufnehmen, während die mittleren Panzer den Gegner in der Flanke zu fassen hatten. Erst nach Abwehr des gegnerischen Angriffes durfte ein Teil der Panzer den Gegner verfolgen, während ein anderer Teil die vorgehenden Infanteriekräfte weiterhin sicherte[291].

Dann sollten nach Durchstoßen des Hauptkampffeldes die gepanzerten und mechanisierten operativen Verbände in den Einbruchsraum nachrücken und den Durchbruch durch die 2. Verteidigungslinie im Hinterland des Gegners vollziehen. Bei der Bewertung des deutschen Abwehrdispositivs, so soll ergänzend hervorgehoben werden, empfand die sowjetische Führung deutsche Hinterhangstellungen als besonders erschwerend[292].

Die solcherart detailliert dargelegten Anweisungen geben ein zuverlässiges Bild von der Sorgfalt, mit der die sowjetische Seite die organisatorischen, logistischen, technischen und ausbildungsmäßigen Voraussetzungen für die Durchführung eines Großangriffes schuf[293]. Schon aus dieser Planmäßigkeit, die jede Hast oder Improvisation scheute, ist die lange Zeit der Vorbereitung vor Beginn der Weichsel-Oder-Operation zu erklären. Nicht zuletzt mußten die Sturmverbände, insbesondere die Panzer- und Sturmgeschützformationen, sowie die technischen Truppen für die bevorstehenden Aufgaben geschult werden, da auf ihnen – infolge der zunehmenden Qualitätsverminderung der Infanterie und zur Vermeidung blutiger Verluste – die Hauptlast des Durchbruchsverfahrens ruhte.

Um einen sowjetischen Großangriff rechtzeitig zu erkennen, faßte die Abteilung Fremde Heere Ost alle Anzeichen, die auf ihn hindeuteten, zusammen[294]. Diese Anzeichen wurden auch durch die einzelnen Oberkommandos der Heeresgruppen und Armeen festgestellt und bieten ein ziemlich übereinstimmendes Bild. Dabei ergaben sich aus der Kenntnis des Zeitplanes sichere Anhaltspunkte für den bevorstehenden Angriff:

291 Ebd., S. 6.

292 Ebd., S. 1.

293 Vgl. Middeldorf, S. 192 f.; zum Vergleich: Jetzl, S. 333 ff.

294 OKH/GenStdH/Abt. Fremde Heere Ost (IIe), g.Kdos. vom 25. 2. 1945: Zusammenstellungen: Anzeichen für sowjetrussische Durchbruchsangriffe nach längerem Stellungskampf, in: BA-MA, H 3/1790, zit. FHO, Anzeichen. – Vgl. Abwehr sowjetischer Großangriffe, S. 276 f.

1. Aufmarsch und Auffrischung bis 20 Tage vor dem X-Tag
2. Versammlung und Schwerpunktbildung bis 6 Tage vor dem X-Tag
3. Bereitstellung bis Angriffsbeginn.

Die Angriffsverbände wurden nach genauer Erkundung vom »Versammlungsraum« über den »Bereitstellungsraum« in die »Ausgangsstellung« vorgezogen[295], wobei jedoch angemerkt sei, daß die sowjetische Führung ohne weiteres in der Lage war, eine beliebige Zeitspanne zwischen den einzelnen Vorbereitungsabschnitten einzuschalten. Ein umfangreiches System von Täuschungsmaßnahmen, wie unterschiedliche Massierung von Angriffswaffen, Feuerüberfälle an Neben- oder Scheinangriffsabschnitten, sollte die tatsächlichen Absichten verschleiern[296]. Besondere Kennzeichen des sowjetischen Aufmarsches waren die Evakuierung der Zivilbevölkerung im frontnahen Hinterland bis zu einer Tiefe von 50 km und das verstärkte Durchschleusen von Aufklärern, Spionen und Saboteuren hinter die deutsche Front. Daneben stellten der auffallende Ausbau des Grabensystems, der Artillerie- und Granatwerferstellungen sowie die Anlage oder Ausbesserung von Zufahrtswegen, Brücken, Flugplätzen und Versorgungslagern sichere Anhaltspunkte dar.
Zu diesen Verbesserungen der Infrastruktur traten das Einschieben neuer Verbände und die Verengung der Abschnittsbreiten. Das Vorverlegen des Bodenpersonals der fliegenden Verbände sowie die verstärkte Gefechtsaufklärung und das Vorziehen neuer zahlreicher Artillerieformationen in die fertiggestellten »Großbatterie-Stellungen« deuteten auf die Beendigung der Schwerpunktbildung hin. Anzeichen für die endgültige Bereitstellung waren intensive Stoßtrupptätigkeit (bis zu Kompaniestärke) und das Einschießen der Batterien, wobei die größte Geschützdichte beiderseits des Durchbruchsraumes der Infanterie auftrat und der Artillerieaufmarsch zwei Tage vor Angriffsbeginn beendet sein sollte. Als weitere sichere Anhaltspunkte für die abgeschlossene Bereitstellung galten die Ablösung der Stellungsverbände in der Nacht zum Tag X-3 und das Erfassen

295 Die im Russischen verwendeten Begriffe entsprachen etwa den sinngemäßen deutschen Fachausdrücken: Aufmarschraum, Versammlungsraum, Bereitstellungsraum (s. FHO, Anzeichen, S. 3); vgl. Jetzl, S. 334 f.
296 FHO, Anzeichen, S. 3.

vorgeschobener Staffeln von Führungsstäben und Artillerieverbänden; am Vortag des Angriffes herrschte häufig auffallende Kampfruhe[297].

Die angeführten Anzeichen stellen die außergewöhnliche Planmäßigkeit der Angriffsvorbereitungen unter Beweis und lassen die sowjetischen Führungs- und Kampfgrundsätze deutlich erkennen. Bei der Führung des Durchbruchsangriffes sind besonders der minutiös ausgearbeitete Feuerplan für die Verbands- und Verstärkungsartillerie sowie der staffelweise Einsatz der Sturmtruppen (Infanterie, Pioniere, Begleitpanzer) unter zeitlicher Vorstaffelung der Vorausbataillone zu unterstreichen[298].

Ein weiteres Charakteristikum bestand im Zurückhalten der zur Vollendung des Durchbruchs bestimmten gepanzerten Heereskörper (Panzerkorps, mechanisiertes Korps, Panzerarmee), die erst auf Weisung des Oberbefehlshabers der Front zu einem günstigen Zeitpunkt in den Kampfraum vorgezogen werden durften. Der Einbruch sollte gewissermaßen seinen Kulminationspunkt – etwa in Höhe der gegnerischen Artillerie-Schutzstellungen – erreicht haben, um den Einsatz der operativen Panzerverbände zu rechtfertigen. Bei aller Präzision des Angriffsverfahrens war jedoch nicht zu verkennen, daß ihm ein gewisser Schematismus anhaftete, was sich insbesondere bei der unteren und mittleren Führung in mangelnder Flexibilität bei der Reaktion auf unerwartete Lagen ungünstig auswirkte[299].

3. Zur Frage des Stellungsbaus

Die lange Zeit der Vorbereitung und die Gründlichkeit, mit der sich Angreifer und Verteidiger auf die zu erwartenden Aufgaben einstellten, geben der sowjetischen Weichsel-Offensive eine sel-

297 Ebd., S. 8; vgl. Abwehr sowjetischer Großangriffe, S. 277 (es handelt sich hierbei um Auszüge aus dem Nachlaß von Generaloberst a. D. Erhard Raus, dem ehemaligen Oberbefehlshaber der 3. Panzerarmee).

298 Vgl. Kriegserfahrungen in der Verteidigung, S. 433 f.

299 Wie in der Fachliteratur ziemlich übereinstimmend betont wird, blieben einige Grundzüge dieses »Plandenkens«, des schematischen Vorgehens bzw. der mangelnden Flexibilität bis zur Gegenwart erhalten (vgl. Oberst E. Sobik, Taktik des allgemeinen Gefechts bei den sowjetischen Streitkräften, Teil 5: Der Angriff, in: ASMZ, 1975, H. 5, S. 185–187, hier S. 187).

tene Beispielhaftigkeit. Nachdem voranstehend das sowjetische Angriffsverfahren analysiert worden ist, geht es nunmehr um die Frage, ob die deutschen Abwehrvorbereitungen der gegnerischen Durchbruchstaktik entsprochen haben und welche längerfristigen, über das unmittelbare Kriegsgeschehen hinausreichenden Erfahrungen zu gewinnen sind. Gerade die sowjetische Schematik beim Einsatz massierter Heereskörper und Unterstützungswaffen, die man deutscherseits seit 1942/43 zur Genüge kennengelernt hatte, führten zu Gegenmaßnahmen, um den gegnerischen Ansturm durch ein tief gestaffeltes Netz von Stellungen zum Erlahmen zu bringen. Das hierbei entwickelte Verfahren der »Großkampfzone« bildet die letzte Phase in der Verbesserung der deutschen Abwehrtaktik und soll daher auf seine Zweckmäßigkeit hin untersucht werden[300].

Angesichts der Kenntnis vom abgeschlossenen sowjetischen Aufmarsch und vom ungefähren Ausmaß der Angriffsvorbereitungen drängt sich zunächst die Frage auf, warum man auf deutscher Seite im Abschnitt der beiden betroffenen Armeen der Heeresgruppe A nicht zum Verfahren der »Großkampfzone« übergegangen ist. Hinter den hauptsächlich bedrohten Frontabschnitten, in erster Linie vor dem Baranów-, Puławy- und Warka-Brückenkopf, war ein durchdachtes Stellungssystem samt der Großkampf-HKL entstanden, das primär den Zweck verfolgte, sich dem gefürchteten Vernichtungsfeuer zu entziehen und die gegnerischen Angriffsverbände in der Tiefe des Gefechtsfeldes abzunutzen. Die Armeekorps hatten auf Weisung der Armeen freie Hand, auf eigene Verantwortung in die Großkampf-HKL auszuweichen[301]; die Stellungstruppe war in das Großkampfverfahren eingewiesen und vertraute auf den Wert der Stellungen und der dahinter stehenden Panzerreserven.

300 Bei der Auswertung der Kriegserfahrungen kamen taktische Probleme in der Verteidigung detailliert zur Sprache: Kriegserfahrungen in der Verteidigung; A. Schnez, Neuzeitliche Verteidigung, in: WWR, 1952, H. 10, S. 488–493; H. Kissel, Zur Problematik der Verteidigung von Stellungslinien, in: WWR, 1953, H. 12, S. 585–592, zit. Kissel, Problematik; H. Oehmichen, Die Krise der Panzerabwehr in der Verteidigung, in: WWR, 1954, H. 1, S. 19–28, H. 2, S. 57–70, H. 3, S. 124–137, zit. Oehmichen; M. Sachsenheimer, Die Panzerabwehr bei der Infanterie, in: WWR, 1952, H. 7, S. 350–359, zit. Sachsenheimer: G. Roos, Die Problematik ständiger Befestigungen im Licht der Erfahrungen des II. Weltkrieges, in: WWR, 1953, H. 10, S. 480–486.

301 Kriegserfahrungen in der Verteidigung, S. 436 f.

Trotzdem wurde das Verfahren der Großkampfzone aus verschiedenen Ursachen nicht angewendet. Wie berichtet, unterließ es das Panzerarmee-Oberkommando 4 aufgrund der Lagebeurteilung durch die Heeresgruppe A, das XXXXVIII. Panzerkorps in der Nacht zum 12. Januar zum Beziehen der Großkampflinie zu ermächtigen, da man einerseits den Großangriff nicht für den 12. Januar erwartete und andererseits der günstigste Zeitpunkt für das Auslösen der Absetzbewegung verpaßt worden war. Demgegenüber hielt die mittlere und untere Truppenführung vor dem Warka-Brückenkopf es wegen des ausgezeichnet ausgebauten vorderen Stellungssystems für nicht unbedingt zwingend, in die Großkampf-HKL auszuweichen. Als Hauptargument wurde ins Treffen geführt, daß man damit kampflos Gelände preisgebe und höchstens einen Zeitaufschub eintausche, den der Gegner zu einer neuen Bereitstellung benötige[302].

Zu diesem Argument kamen noch übergeordnete Gesichtspunkte auf höherer Kommandoebene, wonach dem Gegner der Verlauf der Großkampfzone sowie das entsprechende Kampfverfahren durch Luftaufklärung, Beutekarten und Gefangenenaussagen hinreichend bekannt war. Als Antwort darauf mag der Einsatz von »Vorausbataillonen« samt Panzer- und Artillerieunterstützung zu denken geben, wodurch die Besetzung der HKL beziehungsweise der Großkampflinie gewaltsam aufgeklärt werden sollte[303].

Trotz aller Pro- und Kontrastimmen blieb die Tatsache bestehen, daß an allen drei Brückenkopfabschnitten ein Großteil der Stellungsdivisionen in den ersten Stunden des Angriffs durch das vernichtende Vorbereitungsfeuer erfaßt und ausgeschaltet wurde, ohne den Versuch unternommen zu haben, rechtzeitig die Großkampfstellung zu beziehen. In diesem Zusammenhang kam auch

302 Großmann, S. 242. – Das Problem bestand insbesondere darin, daß die Absetzbewegung möglichst rasch und unerkannt in den Nachtstunden vor dem Großangriff erfolgen mußte, da der Gegner sonst in die Räumungsbewegung hineinstoßen bzw. sie empfindlich stören konnte, so daß ihm auf diese Weise das Zurückdrängen des Verteidigers aus der HKL gelang, ohne daß er seine bereitgestellten Munitionsreserven durch den Beschuß geräumter Grabenabschnitte vergeudete (s. Kriegserfahrungen in der Verteidigung, S. 436; Kissel, Problematik, S. 590).

303 Schukow, S. 553, spricht hierbei von »Aufklärungsbataillonen«.

der Frage der Panzerabwehr entscheidende Bedeutung zu, da sie immer mehr in den Mittelpunkt der Abwehrplanung rückte[304]. Während die Stellungsinfanterie verstärkt in der Panzernahbekämpfung (zum Beispiel Panzerfaust) ausgebildet wurde, waren die Panzerabwehrgeschütze der Regimenter und Divisionen so in Stellung gebracht, daß sie den Kampf der Infanterie unmittelbar unterstützen konnten[305]; tiefere Einbrüche in das Hauptkampffeld der Divisionen sollten durch Gegenangriffe der Reserven beseitigt werden.

Das von der Infanterie bis dahin oft angewandte Verfahren, sich von den angreifenden Panzern überrollen zu lassen und die Feindinfanterie zu bekämpfen, erwies sich zu diesem Zeitpunkt als verderblich: Entweder wurde die Stellungsinfanterie bereits von den ersten beiden Panzerstaffeln außer Gefecht gesetzt oder von den nachfolgenden Infanteriestaffeln des Gegners eingeschlossen und aufgerieben[306]. In beiden Fällen war es weder der »stationären« Panzerabwehr noch den operativen Reserven gelungen, der gegnerischen Panzermassen Herr zu werden; die Panzerreserven standen hierbei vor der Wahl, entweder ein Begegnungsgefecht mit den durchbrechenden Feindpanzern zu liefern, mit dem Risiko, daß die eigene Infanterie inzwischen vernichtet werde, oder man entschloß sich zu einem frühzeitigen Eingreifen und nahm damit den Nachteil in Kauf, die kostbaren Panzerreserven vorzeitig festzulegen[307]. Auch die Hoffnung, verloren gegangene Stellungsräume zunächst durch taktische Reserven der Regimenter und Divisionen zurückzugewinnen, erwies sich als gegenstandslos, da diese Reserven entweder schon durch das Vorbereitungsfeuer erfaßt oder frühzeitig vom tiefgegliederten Angriffskeil gebunden wurden[308].

Demzufolge kam alles darauf an, ob es der Infanterie in den vorderen Gräben gelang, in unmittelbarem Zusammenwirken mit sämtlichen Panzerabwehrwaffen und unterstützt durch die

304 Sachsenheimer, S. 353 ff.

305 Kriegserfahrungen in der Verteidigung, S. 440; vgl. Sachsenheimer, S. 358.

306 Oehmichen, S. 129; vgl. Sachsenheimer, S. 359.

307 Der letztgenannte Fall trat z. B. während der Verteidigungsschlacht vor dem Warka-Brückenkopf ein, wo das XXXX. Pz.Korps möglichst rasch dem bedrängten VIII. A.K. Entlastung bringen sollte (vgl. Lüttwitz, 9. Armee, S. 1 f.); s. auch Kriegserfahrungen in der Verteidigung, S. 442 ff.

308 Kriegserfahrungen in der Verteidigung, S. 439; vgl. Hoßbach, Aus den Kämpfen der 4. deutschen Armee, S. 141.

Divisions- und Heeresartillerie den ersten gegnerischen Angriffsschwung zu brechen und der Gefahr einer Isolierung zu entgehen[309]. Vorher mußten die Infanterie und sämtliche schwere Waffen rechtzeitig dem feindlichen Vernichtungsfeuer entzogen und in die Großkampfzone zurückgeführt werden.
Da dies nicht der Fall war, erlitten – trotz aller Improvisationskunst – die Infanterie und die »stationären« Panzerabwehrwaffen durch das sowjetische Vernichtungsfeuer so schwere Ausfälle, daß das Hauptkampffeld über keine nennenswerte Besetzung mehr verfügte. Die dadurch ungenügend gesicherten Artillerie- und Werfereinheiten erlitten in der Folge ebenfalls furchtbare Verluste, während die operativen Reserven gerade ausreichten, um die zurückflutenden Reste der Stellungsdivisionen aufzunehmen und den sowjetischen Vormarsch beweglich zu verzögern[310].
Darüber hinaus darf nicht vergessen werden, daß auch die grundsätzlich taktische Einstellung auf deutscher Seite, derzufolge sich die HKL beziehungsweise Großkampf-HKL nach Beendigung des Abwehrkampfes wieder in eigener Hand befinden sollte[311], ausschlaggebende Bedeutung für das »Festkrallen« an vorderen Stellungsabschnitten und für das Aufreiben der taktischen Reserven in Gegenstößen besaß: »Die HKL nach einem feindlichen Einbruch wiederzunehmen, bildet die Regel. In Ausnahmefällen kann im Sinne einer elastischen Kampfführung darauf verzichtet werden, wenn der Zusammenhang der Front gewahrt bleibt[312].«
Aus diesen Bemerkungen ist unschwer abzuleiten, daß die deutsche untere und mittlere Führung das Prinzip des Gegenstoßes beziehungsweise Gegenangriffes vertrat, dessen Stellenwert des weiteren nicht diskutiert werden soll. Nur so viel sei noch angemerkt, daß aufgrund der enormen Überlegenheit des Angreifers dieses Verfahren zu einer Reihe von Begegnungs- und Ab-

309 Vgl. Kriegserfahrungen in der Verteidigung, S. 440. Die Truppe hatte hierbei zu den verschiedensten Aushilfen Zuflucht genommen wie z. B. Aufstellung von »Flakkampftrupps« und von Pioniersperrkompanien (Sachsenheimer, S. 358).

310 Kriegserfahrungen in der Verteidigung, S. 444.

311 Weisung für die Vorbereitung der Abwehrschlacht, S. 2; vgl. Kissel, Problematik, S. 590; Hoßbach, Aus den Kämpfen der 4. deutschen Armee, S. 140.

312 Kissel, Problematik, S. 590.

nutzungsgefechten führte, so daß über kurz oder lang der Zeitpunkt eintrat, in dem die Substanz des Verteidigers verbraucht war. Die sich als Alternative anbietende Lösung einer überwiegend beweglich geführten Verteidigung beinhaltet einige beachtenswerte Aspekte, die auch in der militärhistorischen Analyse zur Sprache kamen[313]; über den Wert oder Unwert dieser elastischen Verteidigung im vorliegenden Fall wurden jedoch – besonders unter Berücksichtigung des geringen Motorisierungsgrades der deutschen Infanterieverbände – verschiedene Positionen bezogen, wobei es zu keiner übereinstimmenden Beurteilung kam[314].

Nach der Auswertung des sowjetischen Durchbruchs an der Weichsel kam man auch innerhalb des OKW zu der vorsichtig formulierten Schlußfolgerung, daß sich die »Bildung einer 2. HKL zwei km hinter der ersten« zu empfehlen scheine[315]. Auch der unbestreitbare, wenn auch nur zeitlich begrenzte Abwehrerfolg bei der 3. Panzerarmee und bei der 4. Armee im ostpreußischen Grenzraum (13. bis 19. Januar) unter konsequenter Anwendung des Großkampfverfahrens unterstrich die Vorteile dieser Taktik[316]. Schließlich sei darauf verwiesen, daß selbst Hitler im Rahmen der Vorbereitungen zur Abwehrschlacht an der Oder Ende März 1945 die Weisung zur Anlage einer Großkampf-HKL erteilte: »Etwa 3–6 km hinter der jetzigen vorderen Linie ist eine Großkampf-HKL zu bestimmen und auszubauen, deren rechtzeitiges Beziehen der Oberbefehlshaber der Heeresgruppe bei erkanntem unmittelbaren Bevorstehen des fdl. Großangriffs

313 Oehmichen, S. 130.

314 Kriegserfahrungen in der Verteidigung, S. 444 f.: »Wichtig ist es wohl, zu erkennen, daß gegenüber den schweren Angriffswaffen auf der Erde und aus der Luft für den Verteidiger bei fehlender Panzersicherheit des Geländes andere Maßnahmen erforderlich erscheinen, als sie in der bisher angewendeten taktischen Verteidigungszone, so tief sie auch immer gewesen sein mag, bestanden haben. Diese Maßnahmen bestehen in der Verschmelzung der taktischen Verteidigung und der operativen Abwehr aus der Tiefe heraus zu einer gedanklich und materiell einheitlich vorbereiteten und dann zusammenhängend geführten Schlacht, in der Verteidigung, Angriff und Kampf um Zeitgewinn nur Faktoren sind, die in ihrem Zusammenwirken den Gesamterfolg herbeiführen müssen.«

315 KTB OKW IV/2, S. 1023.

316 Die beiden inneren Flügel dieser beiden Armeen konnten trotz schwerer Frontalangriffe der 3. Weißrussischen Front einen Durchbruch in hinhaltendem Kampf verhindern und den Zusammenhalt wahren (Hoßbach, Aus den Kämpfen der 4. deutschen Armee, S. 354 f.).

anzuordnen hat. Auf keinen Fall darf die zu erwartende Artillerie-Massenwirkung des Gegners unsere gesamte Verteidigung zerschlagen[317].«

Man darf daraus schließen, daß als Reaktion auf die sowjetische Angriffstaktik während der Januar-Offensive das Großkampfverfahren allgemeinen Eingang in die Verteidigungsplanung von Führung und Truppe des Ostheeres gefunden hatte und im großen und ganzen als positiv bewertet wurde. Zur Ergänzung dieser Überlegungen seien noch einige Bemerkungen über den Wert des Stellungsbaus im Hinterland der Heeresgruppe A angefügt.

Das seit August 1944 im Osten errichtete System der OKH-Stellungen (a-, b-, c-Stellung) war vom Gedanken getragen gewesen, dem deutschen Ostheer in einer Tiefe von 200–300 km den notwendigen Rückhalt für die erwartete sowjetische Großoffensive zu gewähren. Der Ausbauzustand dieser durch Riegel- und Zwischenstellungen verbesserten OKH-Stellung war im allgemeinen gut, während der Ausbauzustand der Festungen (bis auf Thorn) zu wünschen übrig ließ. Daneben hatten die Oberkommandos der Heeresgruppen und Armeen zahlreiche Zwischenstellungen errichten lassen, deren Fertigstellung hauptsächlich auf Kosten der OKH-Stellungen und der Festungen gegangen war[318]. Erst nach dem Eingreifen des OKH kam es zu einer Umschichtung des Arbeitseinsatzes. Damit sollten die Voraussetzungen dafür geschaffen werden, den durchgebrochenen Gegner zu immer neuen Aufenthalten zu zwingen und den Einsatz eigener Reserven gegen die Flanken der Durchbruchskeile zur Wirkung zu bringen[319].

In der Praxis erwies sich jedoch, daß nach Überrollen des Hauptkampffeldes die Kräfte zum Besetzen der zahlreichen Zwischenstellungen fehlten und daß man im wesentlichen erst in den

317 OKH/GenStdH/Op.Abt. (Ia), Nr. 450 243/45 g.Kdos. Chefs. vom 30. 3. 1945: Fernschreiben an die HGr. Weichsel; nachrichtlich an VO GenStdH beim OKW/WFSt (BA-MA III H 402/4b). – Eine nachträgliche Auswertung kam zum Ergebnis, daß sich im letzten Halbjahr des Zweiten Weltkrieges die Anlage der Großkampflinie 2–3 km hinter der HKL als am zweckmäßigsten erwiesen habe (Kriegserfahrungen in der Verteidigung, S. 438).

318 OKH/GenStdH/Abt. Landesbefestigung, Nr. 2145/45 geh. vom 6. 2. 1945: Gedanken zum Stellungsbau auf Grund der Winterschlacht, in: BA-MA, III H 402/13, S. 1, zit. Gedanken zum Stellungsbau.

 319 Ebd., S. 2.

OKH-Stellungen zu einer neuen Verteidigungsgliederung fand. Das schnelle gegnerische Angriffstempo und die geringe Zahl der zur Verfügung stehenden Reserven zwangen dazu, sich möglichst weit vom Gegner abzusetzen, um genügend Zeit für das Einrichten in der neuen Verteidigungslinie zu gewinnen[320].

Weiter stellte sich heraus, daß der Kampf nicht so sehr im Zwischengelände, sondern hauptsächlich um Städte, Ortschaften und wichtige Verkehrsknotenpunkte geführt wurde. Die sich daraus ergebende Bedeutung der befestigten Städte und Ortschaften, wie von Posen, Königsberg, Graudenz und Glogau, ließ den vorsichtigen Schluß zu, daß es vorteilhafter zu sein schien, ein wohldurchdachtes Stützpunktsystem anzulegen und dafür auf durchlaufende Stellungslinien, deren Ausbau obendrein eine hohe Anzahl von Arbeitskräften erforderte, grundsätzlich zu verzichten[321]. Dieselben Grundsätze sollten auch in modifizierter Form für den Ausbau des Hauptkampffeldes gelten[322]. Obwohl der Ausbauzustand der zu Festungen erklärten Städte und Ortschaften in der Mehrzahl der Fälle ungenügend war, erfüllten diese dennoch den Zweck, die operativen Bewegungsmöglichkeiten des Angreifers einzuengen, relativ starke Einschließungskräfte auf sich zu ziehen und damit Zeit für die Heranführung von eigenen Reserven zu gewinnen[323].

Zusammengefaßt war somit die Erfahrung abzuleiten, daß rückwärtige Stellungslinien und feste Anlagen unbedingt durch Sicherheitsbesatzungen gesichert und instandgehalten beziehungsweise im Falle gegnerischer Durchbrüche verteidigt werden mußten, falls die operative Führung auf die Ausnutzung dieser rückwärtigen Anlagen nicht verzichten wollte[324].

320 Ebd.

321 Ebd.

322 S. Middeldorf, S. 200.

323 Gedanken zum Stellungsbau, S. 2; s. auch Anlage zu Chef OKW/WFSt/Op./Qu. 2 (II), Nr. 0850/45 geh. vom 30. 1. 1945, abgedruckt in: Abwehrkämpfe, S. 443–448; s. auch KTB OKW IV/2, S. 1304/05.

324 Vgl. die ausführlichen Hinweise bei Middeldorf, S. 199 ff.: »Guter Stellungsbau ist kein geeignetes Objekt für taktisches Manövrieren und schnelle Umstellung, sondern ein Gebiet einmaliger Planung und langfristiger Ausführung.«

Schlußbetrachtung

Die katastrophale Niederlage der Heeresgruppe A an der Weichsel bedeutete im Hinblick auf den gleichzeitigen Zusammenbruch der Heeresgruppe Mitte zwischen der Memel und dem Bug im Januar 1945 das plötzliche Ende der deutschen Hoffnungen, die lang erwartete und gefürchtete sowjetische Großoffensive noch vor den deutschen Ostgrenzen unter Kontrolle bringen zu können. Die Schlacht an der Weichsel durfte nicht allein unter den Aspekten der Heeresgruppe A betrachtet werden, da die Verteidigung des mitteleuropäischen Raumes 1944/45 zuerst eine Frage der Kräfteverteilung zwischen den einzelnen, bereits ziemlich nahe aneinandergerückten Kriegsschauplätzen darstellte. Ein Erfolg oder Mißerfolg an einer Front, sei es nun im Westen, in Oberitalien, in Ungarn oder in Polen, mußte unvermeidlich Rückwirkungen auf die anderen Kriegsschauplätze nach sich ziehen.

Trotz der äußerst ernsten Gesamtkriegslage entschloß sich die Oberste Wehrmachtführung zur Durchführung von Entlastungsoffensiven, von denen die Ardennenschlacht (ab 16. Dezember 1944) und der Entsatzversuch von Budapest durch das IV. SS-Panzerkorps (ab 1. Januar 1945) die wichtigsten waren. Diese Entlastungsoffensiven bedeuteten nicht nur ein erhebliches Risiko in Anbetracht des Kräftebedarfs und der dadurch eintretenden Schwächung der übrigen Fronten, sondern sie mußten das OKW um die letzten strategischen Reserven bringen, falls es nicht gelang, jeweils einen schnellen und entscheidenden Erfolg zu erringen. Das Abnutzen der letzten strategischen Reserven Deutschlands im Westen und in Ungarn lag außerdem ganz im Sinne der sowjetischen Heeresleitung, die dadurch ein Eingreifen dieser Kräfte am Hauptabschnitt der Ostfront nicht zu befürchten brauchte.

Der Herbst und der Winter 1944/45 waren daher erfüllt vom Ringen des Generalstabschefs mit Hitler und anderen Persönlichkeiten des OKW, um der Ostfront die höchste Priorität in der Bereitstellung von Mannschaft und Rüstungsgütern einzuräumen. Noch einmal sollten unter Räumung und Entblößen von Nebenfronten – wie durch Aufgabe des Kurland- und Memel-Brückenkopfes – alle verfügbaren Kräfte zusammengerafft werden, um die Abwehrschlacht im Osten mit Aussicht auf Erfolg bestehen zu können. Es ging dabei nicht nur um die Verhinderung von kriegsentscheidenden Durchbrüchen der sowjetischen Angriffsmassen, sondern auch um den Schutz der deutschen Zivilbevölkerung, zu deren Evakuierung so gut wie keine Vorbereitungen getroffen worden waren[325].

Mochte der Entschluß zu einer letzten entscheidungsuchenden Offensive an der Westfront aus der Sicht der deutschen Führungsspitze unter den damaligen Umständen verständlich erscheinen, so wurde das Vabanque-Spiel auf die Spitze getrieben, nachdem die Ardennen-Offensive am 23./24. Dezember ihren Kulminationspunkt erreicht hatte[326]. Anstelle der vom Generalstabschef mehrmals geforderten Einstellung der Offensive und des Abtransports freiwerdender Kräfte an die Ostfront blieb die wertvolle 6. (SS-) Panzerarmee im Kampfraum gebunden, während weitere kostbare Panzerverbände zum Entsatzangriff auf Budapest antraten.

Unter diesen negativen Vorzeichen mußte die durch Abgaben geschwächte Heeresgruppe A versuchen, mit den vorhandenen Kräften auszukommen. Da eine »elastische Lösung« beziehungsweise eine radikale Frontverkürzung – etwa in der kürzesten Linie zwischen dem Warka- und Baranów-Brückenkopf – von Hitler prinzipiell abgelehnt worden war, blieb nur die Hoffnung auf die Brauchbarkeit des tiefen Stellungssystems und auf die Schlagkraft der Panzerreserven. In diesem Zusammenhang erwies sich, daß man trotz gewissenhafter Auswertung der Aufklärungsergebnisse die Angriffsgliederung als auch die personellen und materiellen Reserven des Gegners unterschätzt hatte. Hierbei darf nicht vergessen werden, daß selbst leitende Persönlichkeiten in der deutschen Führungsspitze Anzeichen für das letztlich ins Gewicht fallende »Ausbluten« des Gegners zu entdecken glaubten[327].

325 Vgl. Hoßbach, Aus den Kämpfen der 4. deutschen Armee, S. 139 und 282.
326 Jung, S. 164 ff., 200–203.
327 Ebd., S. 263.

Daneben kam es auf seiten des Verteidigers nicht zur Anwendung des »Großkampfverfahrens«, was dem Angreifer das Zerschlagen der Stellungsdivisionen, die meist von Natur aus nicht geschützte Linien zu verteidigen hatten, wesentlich erleichterte. Dieses »Großkampfverfahren« war vor allem von den Grundsätzen der »Überraschung« und der »Ökonomie der Kraft« gekennzeichnet[328]; die Erhaltung der eigenen Kampfkraft und die Wahrung des taktischen und operativen Zusammenhalts mußte somit an der Spitze der Richtlinien für die zu treffenden Abwehrvorkehrungen stehen.

Der langwierige Rückzugskampf der eingeschlossenen »Gruppe Nehring« mit der 16. und 17. Panzerdivision zeigt, was trotz der enormen Überlegenheit des Angreifers eine kampferprobte und gut geführte Truppe auch in aussichtsloser Lage zu leisten imstande ist. Auch das Durchschlagen von Restteilen der aufgesplitterten Infanteriedivisionen ist bei den winterlichen Verhältnissen als soldatische Höchstleistung zu bezeichnen.

Das Tragische der Situation des Verteidigers war, daß die meisten deutschen Kommandobehörden die Gefahr der sowjetischen Großoffensive, die der gesamten Ostfront drohte, seit Monaten auf sich zukommen sahen, aber nicht über die Mittel verfügten, um dieser wirksam zu begegnen[329]. Nichtsdestoweniger bieten die beiderseitigen Kampfhandlungen bedeutende Einblicke in Entscheidungsprozesse, Planungsabläufe und Durchführungsmaßnahmen. Von den dabei gewonnenen Erfahrungen zählt wohl die zu den bemerkenswertesten, wonach die »völlige Niederlage nur in solchen Fällen zu vermeiden war, in denen der innere Zusammenhang der Kampffront auch in den auf den Verlust der Hauptstellung folgenden Absetzbewegungen gewahrt werden konnte«[330]. Zu verhindern, daß die von langer Hand geplante Abwehrschlacht an der Weichsel zu einer sowjetischen Durchbruchsschlacht größten Ausmaßes wurde, lag jenseits des Könnens der deutschen Truppenführung angesichts der verfügbaren personellen und materiellen Kräfte in der Endphase des Zweiten Weltkrieges.

328 Hoßbach, Aus den Kämpfen der 4. deutschen Armee, S. 141.
329 Lüttwitz, 9. Armee, S. 36.
330 Hoßbach, Aus den Kämpfen der 4. deutschen Armee, S. 280.

Anlagen

Anlage 1

Weisung für die Vorbereitung der Abwehrschlacht zwischen Beskiden und Warschau, 26. November 1944

8 Ausfertigungen
5. Ausfertigung

Weisung für die Vorbereitung der Abwehrschlacht zwischen Beskiden und Warschau *

1.) Der Aufmarsch des *Feindes* zwischen den Beskiden und der Pilica-Mündung hat weitere Fortschritte gemacht. Es ist zu erwarten, daß er aus dieser Front mit außergewöhnlich starken Kräften anzutreten beabsichtigt.
Über Gliederung, Schwerpunkt und Zielsetzung des Feindes besteht noch keine ausreichende Klarheit. Mit Vorrang zeichnen sich Vorbereitungen für einen *aus allen Weichsel-Brückenköpfen* konzentrisch auf die Gegend Radom oder Konskie zielenden Angriff mit der Absicht der Zerschlagung unserer im großen Weichselbogen stehenden Kräfte ab. Mit gleichzeitigem oder zeitlich nachgestaffeltem Antreten *aus der Front zwischen Debica und Rakow* muß gerechnet werden. Ansatz begrenzter Kräfte zum Angriff in den Beskiden-Vorbergen und über die Weichsel beiderseits Warschau ist möglich. Im *Endziel* wird die feindliche Angriffsoperation den Durchbruch auf Oberschlesien anstreben.
Die Mehrzahl der ihm zur Verfügung stehenden 4 Panzerarmeen, mehreren selbständigen Panzerkorps und Kavalleriekorps wird der Feind vermutlich erst dann auf weitreichende Ziele ansetzen, wenn ihm der taktische Durchbruch gelungen erscheint.
Sofortige *Angriffsbereitschaft* des Feindes ist noch nicht gegeben. Er wird jedoch das Vorführen der Verstärkungsartillerie in die in großer Zahl vorbereiteten Stellungen und der frontnah bereitgestellten Angriffsverbände in einem sehr kurzen Zeitraum vollziehen können. Es ist aber auch möglich, daß der Feind das Antreten bis zum Beginn dauerhaften Frostes aufschiebt.

* Ersetzt die am 25. 10. 44 ausgegebene Weisung HGr.A, Ia Nr. 0904/44 g.Kdos.Chefs.; diese Weisung ist zu vernichten.

2.) *In der bevorstehenden Abwehrschlacht kommt es darauf an,* die an den entscheidenden Stellen vorbrechenden Panzer-Armeen des Feindes wirksam durch Angriff der eigenen operativen Reserven zu fassen und zu schlagen, damit einen weitreichenden Durchbruch des Feindes zu verhindern.

Hierzu ist es notwendig:

a) durch Ausnutzung des gut und tief ausgebauten vorderen Stellungssystems mit starker, straff geführter Artillerie und örtlichen Reserven diejenigen Kräfte des Feindes, die zum Erzwingen des taktischen Durchbruches angesetzt werden, zu zerschlagen;

b) die beabsichtigte Stoßrichtung der zum operativen Durchbruch bestimmten mechanisierten- und Panzerverbände des Feindes rechtzeitig zu erkennen;

c) die eigenen schnellen Verbände solange zurückzuhalten, daß sie geschlossen zum Angriff gegen die durchbrechenden operativen Panzerverbände des Feindes angesetzt werden können. Ihr Eingreifen kann daher unter Umständen erst am 2. oder 3. Tag des Großangriffes zweckmäßig sein.

3.) *Voraussetzungen für diese Form der Kampfführung:*

a) Durch sorgfältig überlegte Ausnutzung und gründliche *pioniertechnische Sperrung* von voraussichtlich nicht entscheidend angegriffenen oder geländemäßig starken Abschnitten sind – trotz der großen Divisionsbreiten – ausreichende Kräfte als örtliche Reserven auszuscheiden.

b) Sobald einwandfreie Anzeichen für unmittelbares Bevorstehen des feindlichen *Großangriffes* vorliegen, steht es den Armeen, nach deren Ermessen auch den Korps frei, die Einnahme der Großkampf-HKL anzuordnen. Überall muß jedoch die Wiedereinnahme der jetzigen HKL bei Ausbleiben des feindlichen Großangriffes sichergestellt sein.

c) In der Großkampf-HKL muß als Voraussetzung für jede weitere erfolgreiche Führung *unter Einsatz der letzten Kraft verteidigt* werden.
Jeder Führer, der ohne Befehl seine Stellung verläßt, Stellungswechsel macht oder Maßnahmen trifft, die seinen Kampfauftrag schmälern, ist daher mit aller Rücksichtslosigkeit zur Rechenschaft zu ziehen.
Jeder Gefechtsstandwechsel bis zu Rgt.-Stäben ohne Genehmigung der Division wird ausdrücklich verboten.

d) Im weiteren Verlauf des Kampfes kann – *nur von der Heeresgruppe* – zum Zweck der Erhaltung der Kraft bis zum Einsetzen des beabsichtigten Gegenangriffs der eigenen schnellen Verbände ein Absetzen von Teilen der Front in eine rückwärtige Stellung befohlen werden.
Die Armeen haben dementsprechend – ohne Mitteilung über Möglichkeit derartiger Kampfführung an die unterstellten Generalkommandos usw. – dafür notwendige Erkundungen,

Einweisungen oder sonstige Vorbereitungen vorausschauend anzuordnen (Wege, Brücken, Stellungen von Nachtruppen und Gefechtsvorposten, Feuerpläne, Einsatz und Kampfführung der Artillerie, Nachrichten-Verbindungen u. dergl.).

e) *Die schnellen Verbände* müssen von der Front so weit abgesetzt bereitgestellt sein, daß sie von der Feuervorbereitung der Artillerie und der Luftwaffe des Feindes nicht wirksam gefaßt oder durch Einbrüche bei den Stellungs-Divisionen vorzeitig festgelegt werden können. Sie müssen einen im Hinblick auf die Betriebsstoffknappheit und die Luftwaffenwirkung des Feindes zwar geringen, aber doch so ausreichend weiten Anlauf haben, daß sie flüssig in die in Frage kommenden Angriffsräume antreten können.

   Artillerie der schnellen Verbände darf nur dort, wo diese in Frontnähe stehen, und auch dann nur mit höchstens 2 Abteilungen in Überlagerung dort eingesetzter Artillerie und in großer Tiefe hinter der HKL eingesetzt werden. Das rasche Herausziehen der Batterien und ihres Beobachtungs- und Nachrichtenpersonals muß sichergestellt bleiben.

f) Der nachdrücklichen *Aufklärung* des Aufmarsches und der Absichten des Feindes und der Sicherstellung zuverlässiger, dauernder und rascher *Meldungserstattung* von Beginn des Großkampfes an kommt entscheidende Bedeutung zu.

4.) *Gliederung der Heeresgruppe:*

a) *1. Panzerarmee:*
   Gen.Kdo. XI. A.K., XXXXIX. Geb.Korps,
   75., 253., 254. Inf.Div.,
   97., 100., 101. Jg.Div.,
   1. Ski-Jg.Div.

b) *17. Armee:*
   Gen.Kdo. LIX. A.K., XI. SS-A.K.,
   96., 168., 208., 359., 371. Inf.Div.,
   78., 544., 545. Volks-Gren.Div.,
   zur Verfügung der Heeresgruppe: 10. Pz.Gren.Div.

c) *4. Panzerarmee:*
   Gen.Kdo. XXXXII. A.K., XXXXVIII. Pz.Korps,
   68., 72., 88., 291., 304., 342. Inf.Div.,
   Kgl. ung. 5. Res.Div.,
   zur Verfügung der Heeresgruppe:
      Gen.Kdo. XXIV. Pz.Korps,
      8., 16., 17. Pz.Div.,
      20. Pz.Gren.Div.

d) *9. Armee:*
   Gen.Kdo. VIII. A.K., XXXXVI. und LVI. Pz.Korps,
   17., 73., 214., 251. Inf.Div.,
   6., 45., 337. Volks-Gren.Div.,
   zur Verfügung der Heeresgruppe:

Gen.Kdo. XXXX. Pz.Korps,
19., 25. Pz.Div.

5.) *Aufträge:*

a) *1. Panzerarmee* hat die Gisela-Stellung zu verteidigen. An ihrem Südflügel hat sie die Linie Bahnbrücke 5 km nordostw. Trebischau–Pozdisovce–Judcovce so lange zu halten, bis sehr starker Feinddruck das Absetzen in die Gisela-Stellung erzwingt. Die damit gewonnene Zeit ist zu nachdrücklichem weiteren Ausbau und zur Organisation der Abwehr in der Gisela-Stellung auszunutzen.

b) *17. Armee* verteidigt die Großkampf-HKL der jetzigen Front. Sie beantragt zeitgerecht vor Beginn eines Großangriffs des Feindes die Zurücknahme ihres linken Flügels in den »Nordriegel« oder die davor liegende jetzige Artillerie-Schutzstellung. Die Armee hat mit Teilen der 168. I.D. – nach deren kurzfristigen Instandsetzung – die 208. I.D. aus der Front zu lösen. 208. I.D. ist im Brückenkopf Tarnow und westlich davon als Reserve der Armee bereitzustellen.
Mit dem Eintreffen der 208. I.D. ist 8. Pz.Div. im E-Transport in den Bereich der 4. Panzerarmee zuzuführen.
Kampfgruppe 10. Pz.Gren.Div. ist um Brzesko und ostwärts davon zur Verfügung der Heeresgruppe so bereitzustellen, daß sie entweder der 17. Armee für den Kampf zwischen Tarnow und der Weichsel zugeführt oder über die Weichsel bei Koszyce in den Bereich der 4. Panzerarmee geführt werden kann.

c) *4. Panzerarmee* hat die Großkampf-HKL um den Baranow-Brückenkopf und nördlich anschließend die Stellung an der Weichsel zu verteidigen.
Das *XXIV. Pz.Korps* mit den ihm unterstellten Divisionen ist zur Verfügung der Heeresgruppe in nachfolgenden Räumen *bereitzustellen:*
17. Pz.Div. und 16. Pz.Div. unverändert,
die von 17. Armee zuzuführende 8. Pz.Div. im Raum Wierzbnik–Tychow-Str. (8 km nördlich Wierzbnik)–Szydlowiec–Skarzysko-Kamienna,
20. Pz.Gren.Div. ist nach Eintreffen der 8. Pz.Div. in den Raum Ostrowiec–Sienno–Ilza–Lubienia vorzuschieben.
Der Einsatz des XXIV. Pz.Korps ist wie folgt vorzubereiten:
aa) Angriff gegen einen aus der Front zwischen Weichsel und Rakow nach Westen vorbrechenden Feind,
bb) Angriff gegen einen aus der Front zwischen Rakow und Iwaniska in Richtung auf Kielce–Suchedniow durchbrechenden Feind,
cc) Ansatz des Korps gegen einen aus der Front zwischen Iwaniska und Zawichost nach Nordwesten oder Norden durchgebrochenen Feind,
dd) Zuführen der 20. Pz.Gren.Div. und 8. Pz.Div. in Richtung auf Zwolen–Radom zu XXXX. Pz.Korps.

d) *9. Armee* hat die Großkampf-HKL um die Brückenköpfe Puławy und Magnuszew, auf der übrigen Front die Weichsel zu verteidigen. Sie hat sich darauf einzustellen, daß sie einen etwa aus dem Brückenkopf Magnuszew heraus durchbrechenden Feind mit dem XXXX. Pz.Korps, nach dessen Freigabe durch die Heeresgruppe, anzugreifen und zu schlagen hat.
Die Abriegelung des Puławy-Brückenkopfes wird mit den dort eingesetzten Inf.Divisionen zu verteidigen sein. Diese sind entsprechend mit Pionieren, Artillerie und Sperrmitteln aller Art zu verstärken.
Nördlich des Magnuszew-Brückenkopfes ist nur um Warschau ein örtlicher Schwerpunkt zu bilden, im übrigen ist die Weichsel-Front auch unter Eingehen größeren Risikos zu strecken.
Das *XXXX. Pz.Korps* ist folgendermaßen bereitzustellen: mit der 19. Pz.Div. im jetzigen Raum um Radom, jedoch unter Hinzufügung einer brückenkopfartigen Ausweitung nördlich des Radomka-Abschnittes bei Jedlinsk,
mit der 25. Pz.Div. im Raum Białobrzegi–ostw. Goszczyn–Mogielnica–Wysmierzyce.
Das Korps hat in erster Linie den vorstehend vorgesehenen Angriff gegen einen aus dem Brückenkopf Magnuszew durchbrechenden Feind vorzubereiten, außerdem den Ansatz gegen einen aus dem Brückenkopf Puławy vorbrechenden Feind. Verstärkung des Korps durch Zuführen der 8. Pz.Div., unter Umständen auch der 20. Pz.Gren.Div., kann in Frage kommen.
Verschiebung des ganzen Korps nach Norden in Richtung Warschau und der 19. Pz.Div. nach Südwesten, Süden oder Südosten ist gleichfalls vorzubereiten.

6.) Die am 28. 10. 44 mit Obkdo. Heeresgruppe A, Ia Nr. 4850/44 g.Kdos. und am 3. 11. 44 mit Obkdo. Heeresgruppe A, Ia Nr. 4850/44 g.Kdos., II.Ang. ausgegebenen Einzelanordnungen zur Vorbereitung der Abwehrschlacht behalten ihre Gültigkeit, soweit nicht in der Vorbereitung des Einsatzes der Reserven vorstehend andere Befehle gegeben sind. Die am 6. 10. 44 ausgegebenen Einzelanordnungen Nr. 3, Obkdo. Heeresgruppe A, Ia Nr. 4850/44 g.Kdos. III Ang. sind ungültig.

7.) Heeresgruppe bereitet Gefechtsstand für Führungsstaffel in Gegend Tschenstochau vor.

Harpe

Verteiler: . . .
(8 Ausfertigungen)

Quelle: Ob.Kdo.HGr. A, Abt. Ia, Nr. 0913/44 g.Kdos. Chefs vom 26. 11. 1944, in: BA-MA, RH 19 VI/4.

Anlage 2

Gegenüberstellung der eigenen Kräfte bei Heeresgruppen A, Mitte und Nord (Stand 29. Dezember 1944)

	HGr. A	HGr. Mitte	HGr. Nord
Gesamt-Frontlänge	760 km	580 km (einschl. Memel)	240 km
In Front eingesetzte Verbände	29 Inf.Div. 1 Sperr-Br. (Warschau) 1 Pionier-Brigade 70 31 dazu 3 ung. Inf.Div.	32 Inf.Div. 1 Pz.Div. 1 (Gruppe Hannibal) 1 (Div.Stab 286) 35	23 Inf.Div. 1 Pz.Div. 1,5 Pz.Gren. Div. 1 (unter Stab 227. Div.) 1 (Gruppe Henze) 27,5
Durchschnittsbreite je Verband	24,5 km	16,6 km	8,7 km
Reserven (große Verbände)	2 Pz.Gen. Kdos. 4 Pz.Div. 1 Pz.Gren. Div. 0,5 PzGren. Div. (K.Gr.10. Pz.Gren. Div.) 1 Jg.Div. 1 ung.Div. 1 ung.Geb. Br.	1 Pz.Gen. Kdo. 4 Pz.Div. 3 Pz.Gren. Div. 1 Inf.Div. 0,5 Inf.Div. (Rdf.Jg. Brig.)	2 Pz.Div. 1 Luftw.-Feld.-Div.
	5,5 schnelle Divisionen, 1 Jg.Div.	7 schnelle Divisionen, 1,5 Inf.Div.	2 schnelle Divisionen, 1 Luftw.-Feld.-Div.

Quelle: Anlage zum KTB H.Gr. A vom 3. 1. 1945, in: BA-MA, RH 19 VI/4.

Anlage 3

Schematische Kriegsgliederung vom 31. Dezember 1944 (Heeresgruppen Süd, A und Mitte)

<table>
<tr><th>Heeresgruppe</th><th>Armee</th><th colspan="2">Armeekorps</th><th>Division</th></tr>
<tr><td rowspan="8">SÜD

153.F.A.D.
Pz.F.A.»Tatra«

IV.SS.Pz.
3.SS.Pz.»T«
5.SS.Pz.»W«

711.(bo.)i.A.
118.Jg.i.Auffr.
211.i.Auffr.
96.i.Auffr.</td><td rowspan="2">2.Pz.</td><td colspan="2">LXVIII.</td><td>44.
Rest 13.SS-Geb.
71.</td></tr>
<tr><td colspan="2">XXII.Geb.</td><td>1.Geb.+Rest
Gren.Br.(mot)92
3.Kav.Brig.</td></tr>
<tr><td>3.ung.
Armee</td><td colspan="2">II.ung.</td><td>25.ung.</td></tr>
<tr><td rowspan="5">Armee-
Gruppe
Balck
(6.)

VIII.ung.
Rest
20.ung.
(in Auffr.)</td><td rowspan="2">Gruppe
Breith
(III.Pz.)</td><td>Kav.-
Korps</td><td>1.Pz.
23.Pz.
4.Kav.Brig.</td></tr>
<tr><td>Gruppe
Pape</td><td>3.Pz.(gepanz.Tle)
1.ung.Kav.Div.
8.Pz.(gepanz.Tle)+
gepanz.Tle.6.Pz.
271.Volks-Gren.</td></tr>
<tr><td rowspan="2">Gruppe
Kirchner
(LVII.
Pz.)</td><td>LXII.</td><td>6.Pz. (ohne gepanz. Tle.)+Div.Szan-
laszlo
Reste 2.ung.Pz.
3.Pz.
(ohne gepanz. Tle.)</td></tr>
<tr><td></td><td>8.Pz.
(ohne gepanz. Tle.)
Kampfgr. Rintelen
+Rest Kgr. 357.</td></tr>
<tr><td colspan="2">IX.SS-Geb.</td><td>Gruppe
Schmidthuber
Pz.Div.»F.H.«
13.Pz.+10.ung.
22.SS-Kav.Div.+
1.ung.Pz.
8.SS-Kav.Div.
»Florian Geyer«
Rest 12.ung.+
Gruppe Kesseve+
Rest 23.ung.</td></tr>
</table>

Heeresgruppe	Armee	Armeekorps	Division
noch SÜD	8.Armee 9.ung. Grz.Jg. Rest 27.ung. lei. IX.ung.	IV.Pz.	24.Pz. 4.SS-Pol.Pz.Gren.+ 18.SS-Pz.Gren. 46. SS-Brig.Dirlewanger
		XXIX.	8.Jg. 15. (ohne 1 Rgt.) 76.
A Div.Stab z.b.V. 601 Div.Stab z.b.V. 602 Div.Stab z.b.V. 603 Div.Stab z.b.V. 608 391.Sich. 344.(i. Antr.) XXIV.Pz. 16.Pz. 17.Pz. 20.Pz.Gren. Kampfgr.10. Pz.Gren. XXXX.Pz. 19.Pz. 25.Pz.	1.ung. Armee Armee-Gruppe Heinrici (1.Pz. Armee) 154.F.A.D.	XVII.	208. Kampfgr.3.Geb. Kampfgr.4.Geb.
		V.ung.	24.ung.+1.ung. Geb.Brig. 16.ung.
		XXXXIX. Geb.	1.Ski-Jg.+ 2.ung.Res. 97.Jg. 254. 101.Jg.
		XI.	100.Jg. 75.+5.ung.Res 253.
	17.	XI.SS	320.Volks-Gren. 545.Volks-Gren. 78.Volks-Gren.
		LIX.	544.Volks-Gren. 359. 371.
	4.Pz	XXXXVIII. Pz.	304. 68. 168.
		XXXXII.	291. 88. 72. 342. Heeres-Pionier-Br. 70
	9.	LVI.Pz.	214. 17.

Heeresgruppe	Armee	Armeekorps	Division
noch A	noch 9.Armee	VIII.	45.Volks-Gren. 6.Volks-Gren. 251.
		XXXXVI.Pz.	337.Volks-Gren. Fest.Kdt. Warschau Sperr-Brigade 1 73.
MITTE	2.Armee	XXVII.	542.Volks-Gren. 252. 35.
		XXIII.	5.Jg. 7. 299. 129.
		XX.	292. 14. 102.
7.Pz.	4.Armee	LV.	547.Volks-Gren. 562.Volks-Gren. 203.
18.Pz.Gren. (i.Auffr.)		VI.	541.Volks-Gren. »Gruppe Oberst Hannibal« (Pol.) 131. 558.Volks-Gren.
Kampfgr. Hauser (Div.z.b.V.605)	5.Pz. 1.Fallsch.Pz. Div.»HG«	XXXXI.Pz.	170. 367. 50. 28.Jg. 21.
23. (i.Auffr.)		Fallsch.Pz. Korps»HG«	2.Fallsch.Pz.Gr. »HG« 61.
20.Pz. Pz.Korps »GD« (i.Aufstell.)	3.Pz.Armee	XXVI.	549.Volks-Gren. 349.Volks-Gren. 1. 69.
		IX.	56. 561.Volks-Gren. 548.Volks-Gren. 551.Volks-Gren. Stab 286.Sich.
		XXVIII.	Div.Stab z.b.V.607 58. 95.

Quelle: GenStdH/Op.Abt. III, BA-MA, III H 410/5.

Anlage 4

Kampfkraft der Heeresgruppe A am 1. Januar 1945
(ohne ungarische 1. Armee)

Armee	Artillerie-Rohre	einsatzbereite Panzer	einsatzbereite St.Gesch.	einsatzbereite PAK	Frontlänge
Armeegruppe Heinrici	279	–	71	109	163 km
AOK 17	355	–	66	178	128 km
Pz.AOK 4	596	200	274	329	187 km
AOK 9	586	118	205	177	222 km
insgesamt	1 816	318	616	793	700 km

Quelle: Ob.Kdo. der HGr. A, Beilage zum KTB, in: BA-MA, RH 19/VI/4.

Anlage 5

Gegenüberstellung der Verluste zu den Ersatzzuführungen
in der Zeit vom 12. Juli bis 31. Dezember 1944 (Heeresgruppe A)

Blutige Verluste (samt Vermißte und Krankheitsabgänge):	300 095 + (197 330) = 497 425 Mann
10 Prozent der blutigen Verluste, die erfahrungsgemäß bei der Truppe verbleiben:	30 009 Mann
Aus Lazarett-Einrichtungen der Truppe wieder zugeführt:	243 133 Mann
Ersatzzuführungen + angekündigten, noch nicht eingetroffenen Ersatzes:	114 640 Mann
Echter Verlust:	109 643 Mann

 Quelle: BA-MA, RH 19 VI/4.

Anlage 6

Gliederung des sowjetrussischen Feldheeres, 25. Dezember 1944

		Fronten	Armeen	Pz.-Armeen	Sch.-Kps.	Kav.-Kps.	Pz.-Kps.	mech.-Kps.
vor deutscher Ostfront	in Front	10	37	3	97	3	3	5
	in Reserve	1	14	4	46	4	20	4

Quelle: OKH/GenStdH/Abt. Fremde Heere Ost, in: BA-MA, H 3/80.

Anlage 7

Vermutete Kräfte vor der deutschen Ostfront, 8. Januar 1945

	in Front:	*in Reserve:*
Vor HGr. Mitte:	78 Sch.Div.	69 Sch.Div.
	1 Pz.Brig.	6 Sch.Brig.
		3 Kav.Div.
		21 Pz.Brig.
		25 Pz.Rgt.
		25 St.Gesch.Rgt.
	Vermuteter Panzerbestand: ca. *1900 Panzer*	
Vor HGr. A:	59 Sch.Div.	55 Sch.Div.
	2 Sch.Brig.	20 Sch.Brig.
	4 Kav.Div.	6 Kav.Div.
	2 Pz.Brig.	40 Pz.Brig.
	1 Pz.Rgt.	31 Pz.Rgt.
	3 St.Gesch.Rgt.	48 St.Gesch.Rgt.
	Vermuteter Panzerbestand: ca *3600 Panzer*	
Insgesamt vor	262 Sch.Div.	190 Sch.Div.
deutscher Ostfront:	23 Sch.Brig.	40 Sch.Brig.
(HGr. Nord, Mitte,	13 Kav.Div.	9 Kav.Div.
A und Süd)	24 Pz.Brig.	94 Pz.Brig.
	38 Pz.Rgt.	86 Pz.Rgt.
	35 St.Gesch.Rgt.	103 St.Gesch.Rgt.
	Vermuteter Panzerbestand: ca. *7200 Panzer*	

Quelle: OKH/GenStdH/Abt. Fremde Heere Ost (I), Vortragsnotiz (Auszug), in: BA-MA, H 3/196.

Kurzauswertung der neuen sowjetrussischen Anweisung zum Durchbruch befestigter Stellungen, 15. Februar 1945

Einzelnachrichten des Ic-Dienstes Ost, Nr. 40
Kurzauswertung der neuen sowjetrussischen
Anweisung zum Durchbruch befestigter Stellungen (IIe)

Die Vorschrift enthält in Ergänzung und Verbesserung der »Felddienstordnung der RA« (Merkblatt 19a/21) die neuesten Grundsätze der Roten Führung für Planung, Vorbereitung und Durchführung des Großangriffs unter besonderer Berücksichtigung der engen Zusammenarbeit verbundener Waffen.
Die Durchführung der großen sowjetrussischen Durchbruchsangriffe im Januar 1945 entsprach voll den hier festgelegten Grundsätzen.
Die Vorschrift stellt deshalb die wertvollste Unterlage für die Beurteilung der feindlichen Führung und Kampfweise bei Durchbruchsangriffen befestigter deutscher Stellungen dar.
Auch hier werden für jede Phase der Vorbereitung und des Kampfes alle Überlegungs- und Befehlspunkte als Korsettstangen für die untere und mittlere Führung aufgezählt.

I. Allgemein

Nach einleitender Kennzeichnung der deutschen Verteidigung, wobei die Hinterhangstellungen als besonders erschwerend bezeichnet werden, ist der Vorbereitung des Angriffs ein Hauptteil der Vorschrift gewidmet.
Voraussetzungen für den Erfolg sind genaue Luftbildaufklärung der deutschen Stellungen, Aufdeckung des eigenen Feuerplanes, Ausschaltung der Abwehrwaffen durch stärksten Materialeinsatz, Wahl einer Angriffsgliederung, die ständige Verstärkung in der Hauptstoßrichtung ermöglicht, und genaue Abstimmung der »Durchbruchspläne« verbundener Waffen.
Das Gelände soll Einblick bis zum zweiten und dritten Graben (Wert der Hinterhangstellung!) sowie gedeckte Bereitstellung und Bewegungsfreiheit während des Angriffs für stärkste Zusammenballungen von Angriffswaffen ermöglichen.
Die Geheimhaltung der Zusammenziehung großer Truppenmassen erfordert umfangreiche Pioniermaßnahmen, Schutz durch die Fliegertruppe und gründliche Tarnung.

II. Aufklärung

Vollständige Luftbildaufklärung (1:5000 oder 1:10 000) soll unter Auswertung der Pionier- und Artillerieaufklärung Druck und Verteilung von Stellungskarten bis 5 Tage vor Angriff ermöglichen.
Lückenlose Beobachtung wird nach genauem Plan der Armeestäbe durchgeführt und soll ausgegebene Stellungskarten bis zum Angriff ergänzen.
Die Artillerieaufklärung dient neben Aufdeckung der Abwehrwaffen und ihres Feuerplanes auch der Festlegung von Gräben und Hindernissen nach Koordinaten.
Panzeraufklärung wird durch Kräfte in Stärke eines Zuges je Pz.Rgt. so rechtzeitig angesetzt, daß ihre Ergebnisse über Geländegängigkeit, deutsche Sperren und Abwehrwaffen bis Angriffsbeginn verwertet werden können.
Pionieraufklärung erfolgt durch Pioniergruppen zur Feststellung von Hindernissen und Befestigungsanlagen, während Nachrichtenaufklärung Führungsverhältnisse und Nachrichtennetz der deutschen Stellungstruppe klären soll.
In der letzten Phase der Vorbereitung soll die Kampfaufklärung die Ergebnisse der Einzelerkundung überprüfen. Sie wird vom Armeestab angesetzt und von den Divisionskommandeuren geleitet. Nach Vorbereitung durch besondere Übungen wird die Kampfaufklärung zur Verschleierung der Absicht auf breiter Front angesetzt. Sie erfolgt am Angriffsvortag im allgemeinen durch ein verstärktes Bataillon je Schtz.Div. bei Unterstützung durch zwei bis drei Art.-Abteilungen und kann mit Räumen von Hindernissen verbunden sein.

III. Angriffsgliederung

Für die Durchbruchsbreite der Angriffsverbände werden folgende Anhaltswerte gegeben:

Armee – 10–15 km
Schtz.-Korps – 4–6 km
Schtz.-Div. – 2–3 km
Schtz.-Rgt. – 700–1 500 m
Schtz.-Btl. – 500–700 m

Die Verbände einer Armee werden in zwei Wellen bereitgestellt. Schtz.-Korps werden meist mit zwei Divisionen in erster und einer Division in zweiter Welle eingesetzt. Für den Einsatz der Schtz.-Div. bilden drei tiefgestaffelte Rgt.-Gruppen die Regel. Gegen eine starke Abwehrfront wird ein Rgt. zur Ausweitung des Erfolges in zweiter Welle bereitgestellt. Als Btl.-Reserve werden meist verstärkte MPi.-Züge zurückgehalten.

Das 1. Angriffsziel liegt
für das Schtz.-Rgt.
– in Höhe des zweiten deutschen Grabens,

für die Schtz.-Div.
– am rückwärtigen Rand der deutschen HKF,
für das Schtz.-Korps
– hinter deutschem Art.-Stellungsraum,
für die Armee
– hinter rückwärtiger deutscher Stellung.

IV. Besonderheiten des Einsatzes der Hauptwaffen

1. Artillerie

Zur Unterstützung des Durchbruchsangriffs werden folgende Art.-Gruppen gebildet:

Rgt.-Art.-Gruppen
– hierzu für die Dauer des Vorbereitungsfeuers Rgt.-Art. sowie 82- und 122-mm-Gr.W. unterstellt, die dann jedoch »Begleit-Art.« bilden.

Div.-Art.-Gruppen
– zur Verstärkung in der Hauptstoßrichtung, dabei Salvengeschütze.

Grw.-Gruppen
– aus Schtz.Rgt. der 2. und 3. Welle zum Niederkämpfen deutscher Stellungstruppe hinter Deckungen.

Korps-Art.-Gruppen
– zur Bekämpfung deutscher Art., Reserven und Stäbe.

Hierunter: »Gruppen zur Bekämpfung der Artillerie« mit Schall- und Lichtmeß-Batterien,
»Zerstörungs-Art.-Gruppen« zur Vernichtung von Befestigungsanlagen (schwere Haubitzen und Salvengeschütze M 31).

Armee-Art.-Gruppen
– zur Bekämpfung rückwärtiger Art.-Stellungen, Reserven, Stäbe und Nachschubverbindungen (hierunter oft besondere Fernkampfuntergruppen).

Darüber hinaus werden bei allen Verbänden »bewegliche Panzerabwehr-Reserven« und Flak-Art.-Gruppen gebildet.

Tarnung und Beschleunigung des Einschießens sollen erreicht werden durch:

Übertragung der Schießgrundlagen der Stellungs-Art.,
Einsatz von Einzelgeschützen zum Einschießen,
Einhaltung der üblichen Schußzahl unter zeitlicher Staffelung des Einschießens,
Einschießen schwerer Kaliber am Angriffstag, äußerstenfalls am Vortage,
Scheineinschießen an anderen Abschnitten,
Durchführung einer Probevorbereitung 2 bis 3 Stunden vor Beginn der eigentlichen Feuervorbereitung.

Während der Art.-Vorbereitung sollen mehrere Scheinvorverlegungen des Feuers durchgeführt werden, an deren Beginn die Schußfolge jeweils beschleunigt wird.
Als wirksamste Unterstützungsart wird nach der Vorbereitung das Schießen einer Feuerwalze durch 5 bis 6 Abteilungen je Kilometer vom 1. Graben bis zu einer Tiefe von 1,5 bis 2 km in 50- bis 100-m-Sprüngen angesehen. Das Übergehen zur Feuerwalze soll durch dichte Schußfolge verschleiert werden. Feuerzusammenfassungen auf Abwehrzentren sollen die Wirkung der Feuerwalze verstärken.
Die zum direkten Richten eingesetzten Geschütze der Rgt.- und Div.-Art. werden als »Begleit-Art.« dicht hinter der Infanterie nachgezogen, wobei ihnen zur Überwindung von Geländeschwierigkeiten Schützengruppen zugeteilt werden.
Zum Niederkämpfen einzelner Stützpunkte gelten Feuerüberfälle der M-31-Salvengeschütze als besonders wirkungsvoll.

2. Panzer
Eine Schtz.Div. kann im Schwerpunkt durch Panzerkräfte bis zu 2 bis 3 Pz.-Rgt., 2 bis 3 Sturmgesch.-Rgt. und 1 Kompanie Flammenwerfer-Panzern unterstützt werden.
Eine Aufspaltung der Pz.-Verbände unterhalb des selbst. Rgt. ist verboten. Ausnahmen können in stark durchschnittenem Gelände durch die Armee befohlen werden.
»Pz.-Verbände zur Unterstützung der Infanterie« greifen in 2 Wellen an. Die 1. Welle bilden mittlere und Räum-Panzer, 2. Welle schwere Panzer, Sturmgeschütze und Flammenwerfer-Panzer. Die 1. Welle stößt vor der Infanterie vor, während die 2. Welle 100–200 m hinter der Infanterie folgt.
In der »Ausgangsstellung« sollen Panzer nicht länger als 2–3 Stunden bereitgestellt sein.

3. Weitere Abschnitte der Vorschrift über Einsatz der Fliegertruppe, der Pioniere und der Nebel- und Flammenwerfer-Einheiten werden durch OKL/Fr.Lw.Ost und die Waffengenerale ausgewertet.

V. Bereitstellung

Die sowjetrussische Führung unterscheidet:

Versammlungsräume	
– für Infanterie	15–20 km,
mot. Truppen	40–80 km hinter HKL,
Bereitstellungsräume	
– für Infanterie	6– 9 km,
Panzer	15–20 km hinter HKL,
Ausgangsstellungen	
– für Infanterie in vorderster Zone des HKF,	
für Panzer	1– 3 km hinter HKL.

Die räumlich und zeitlich genau festgelegte Durchführung der Bereitstellung entspricht den eigenen Aufklärungsergebnissen.
Der Ablauf der sowjetrussischen Bereitstellung ist nach den Grundsätzen dieser Vorschrift in der Anlage 1 schematisch dargestellt.

VI. Durchführung des Angriffs

Intensive Schulung der Führerschicht, straffe Ausbildung der Angriffstruppe und gründliche Vorbereitung der Großangriffe ließen genaue Befolgung der in dieser Vorschrift festgelegten Grundsätze während der Winteroffensive 1945 durch die Angriffsverbände der Roten Armee erkennen.
Der Abschnitt »Führung des Durchbruchs« gibt deshalb ein besonders klares Bild der sowjetrussischen Kampfführung während des Großangriffs bis zum Durchbruch der rückwärtigen deutschen Stellung.
Eine auszugsweise Übersetzung dieses Abschnitts enthält Anlage 2. Einzelne Ausdrücke wurden hierbei nach dem deutschen militärischen Sprachgebrauch verbessert, ohne den Charakter der russischen Vorschrift zu ändern.

Die Anlagen der sowjetischen Anweisung enthalten Berechnungstabellen für den Einsatz von Pi.-Kräften, -Gerät und -Material sowie für den Bedarf an Nebelmitteln.

I.A.
Gehlen
Generalmajor und Abteilungschef

Verteiler: Sonderverteiler
Anlagen: 2

Quelle: OKH/GenStdH/Abt. Fremde Heere Ost (IIe), Az.: 20a / Nr. 807/45 geh. vom 15. 2. 1945, in: BA-MA, DV-RH 455, ohne Anlagen.

Quellen und Literatur

I. Ungedruckte Quellen (Bundesarchiv-Militärarchiv, Freiburg i. Br.)

OKW/WFSt

RW 4/v. 705 — Qu 2, Operationen im östlichen Reichsgebiet

OKH/GenStdH/Op.Abt.

III H 402/3 — (Ia) KTB-Anlagen, Bd 3, 8. 10. 1944–31. 12. 1944

/4b — Chef/Ia, KTB-Anlagen, Bd 4, Januar–März 1945, Teil 2, 28. 2.–31. 3. 1945

/11 — Chef/Ia, KTB-Anlagen, Bd 11, 1. 12. 1944–31. 12. 1944

/13 — Chef/Ia, KTB-Anlagen, Bd 13, 31. 1. 1945–28. 2. 1945, darin:
OKH/GenStdH/Abt. Landesbefestigung, Gedanken zum Stellungsbau auf Grund der Winterschlacht, 6. 2. 1945

III H 410/5 — Schematische Kriegsgliederungen 1944

ohne Sign. — Lage Ost vom 9. 1. 1945, Prüfnr. 50317

ohne Sign. — Lage Ost vom 17. 1. 1945, Prüfnr. 52322

OKH/Heerespersonalamt

H 4/35 — Gesamtausfälle der Wehrmacht (Statistik), Stand 11. 12. 1944

OKH/GenStdH/Abt. Fremde Heere Ost

H 3/80 — Gliederung des sowjetrussischen Feldheeres, Teil 1 und 2, Stand 17. 9. 1944 und 25. 3. 1945

/196 — Vortragsnotizen, Juli 1944–April 1945

/211 — Kurze Beurteilung der Feindlage, 1. 11. 1944–17. 4. 1945

/1790 — Zusammenstellungen: Anzeichen für sowjetrussische Durchbruchsangriffe nach längerem Stellungskampf, 25. 2. 1945

DV RH 455 — Einzelnachrichten des Ic-Dienstes Ost, darin:
Nr. 4, Anl. 4 vom 21. 11. 1942, Befehl des Verteidigungskommissars der UdSSR Nr. 325 vom 16. 10. 1942, deutsche Übersetzung
Nr. 40, Kurzauswertung der neuen sowjetrussischen Anweisung zum Durchbruch befestigter Stellungen, 15. 2. 1945

Heeresgruppe Mitte

RH 19 II/310 K — Abt. Ic, Feindlageskizzen, Stand 11. 1. 1945

/336 — Gen.Ltd. Heidkämper, Die Schlacht um Ostpreußen im Januar 1945 bis zum Beginn des Ausbruchsversuchs am 26. 1. 1945, mit Anlagen, Ausarbeitung 1953

Heeresgruppe A (Mitte)

RH 19 VI/4 — Handakten Chef, 16. 10. 1944–10. 1. 1945 (mit Karte und Planpause)
darin:

		Weisung für die Vorbereitung der Abwehrschlacht zwischen Beskiden und Warschau, 26. 11. 1944
		Abwehrschlacht = Überlegungen für die Abwehrschlacht im großen Weichselbogen nach dem Stand von Ende Dezember 1944 (»Unternehmen Schlittenfahrt«), 27. 12. 1944
	/49	KTB 1. 11. 1944–7. 4. 1945
	/350	Abt. Ic, Abgehörte Feindgespräche, 7. 1.–11. 1. 1945
80/46		Lagekarte, Stand 11. 1. 1945

Armeeoberkommando 9

64802/1	Kriegstagebuch, 1. 12.–31. 12. 1944

Nachlaß

N 10/6	Smilo Frhr. v. Lüttwitz, Der Kampf der 9. Armee vom 21. 9. 1944–20. Januar 1945, Niederschrift vom 11. 7. 1948, Teil II

II. Gedruckte Quellen

Goebbels, Joseph, Tagebücher, Zürich 1948

Hitlers Lagebesprechungen. Die Protokollfragmente seiner militärischen Konferenzen 1942–1945, hrsg. von Helmut Heiber, Stuttgart 1962 (= Quellen und Darstellungen zur Zeitgeschichte, Bd 10)

Hitlers Weisungen für die Kriegführung 1939–1945. Dokumente des Oberkommandos der Wehrmacht, hrsg. von Walther Hubatsch, Frankfurt/M. 1962

Kriegstagebuch des Oberkommandos der Wehrmacht (Wehrmachtführungsstab) 1940–1945, Bd IV, 1. und 2. Halbbd, eingeleitet und erläutert von Percy Ernst Schramm, Frankfurt/M. 1961

III. Literatur

Abwehrkämpfe am Nordflügel der Ostfront 1944–1945, Stuttgart 1963 (= Beiträge zur Militär- und Kriegsgeschichte, hrsg. vom Militärgeschichtlichen Forschungsamt, Bd 5)

Abwehr sowjetischer Großangriffe 1944/45, in: Gefechtsbeispiele aus dem Zweiten Weltkrieg, hrsg. von der Arbeitsgemeinschaft Truppendienst, Wien 1971 (= Truppendienst-Taschenbuch, Bd 16)

Bauer Eddy, Der Panzerkrieg. Die wichtigsten Panzeroperationen des zweiten Weltkrieges in Europa und Afrika, Bd II: Der Zusammenbruch des Dritten Reiches, Bonn 1965

Blumenson, Martin, Breakout and Pursuit, Washington 1961 (United States Army in World War II – The European Theater of Operations)

Busse, Theodor, Die letzte Schlacht der 9. Armee, in: WWR, 1955, H. 4, S. 145–168

Carell, Paul, Verbrannte Erde. Schlacht zwischen Wolga und Weichsel, Berlin–Frankfurt/M.–Wien 1966

Conze, Werner, Die Geschichte der 291. Infanterie-Division 1940–1945, Bad Nauheim 1953

Fest, Joachim C., Hitler. Eine Biographie, Frankfurt–Berlin–Wien 1973

Fretter-Pico, Maximilian, Mißbrauchte Infanterie, Frankfurt/M. 1957

Fricke, Gert, »Fester Platz« Tarnopol 1944, Freiburg 1969 (= Einzelschriften zur militärischen Geschichte des Zweiten Weltkrieges, hrsg. vom Militärgeschichtlichen Forschungsamt, Bd 4)
Gackenholz, Hermann, Der Zusammenbruch der Heeresgruppe Mitte 1944, in: Entscheidungsschlachten des zweiten Weltkrieges, hrsg. von Hans-Adolf Jacobsen und Jürgen Rohwer, Frankfurt/M. 1966, S. 445–478
Gehlen, Reinhard, Der Dienst. Erinnerungen 1942–1971, München–Zürich 1973 (Knaur-Taschenbuch, Nr. 300)
Geschichte des Großen Vaterländischen Krieges der Sowjetunion, Bde 4 und 5, hrsg. vom Institut für Marxismus-Leninismus beim Zentralkomitee der KPdSU, Berlin (Ost) 1965 und 1967, samt Kartenband
Görlitz, Walter, Model, Strategie der Defensive, Wiesbaden 1975
Gosztony, Peter, Endkampf an der Donau 1944/45, Wien–München–Zürich 1969
Ders., Die Rote Armee 1943–1945. Einige Fragen zur Entwicklung und Organisation, in: ÖMZ, 1972, H. 2, S. 95–102
Der Große Atlas zum II. Weltkrieg, hrsg. von Peter Young; deutsche Bearbeitung: Christian Zentner, München 1974
Großmann, Horst, Geschichte der rheinisch-westfälischen 6. Infanterie-Division 1939–1945, Bad Nauheim 1958
Ders. und Kurt Dieckert, Der Kampf um Ostpreußen. Ein authentischer Dokumentarbericht, München 1960
Gschöpf, Rudolf, Mein Weg mit der 45. Infanterie-Division, Linz 1955
Guderian, Heinz, Erinnerungen eines Soldaten, Neckargemünd 1960
Haupt, Werner, 1945. Das Ende im Osten. Chronik vom Kampf in Ost- und Mitteldeutschland, Dorheim/Hessen 1970
Hoßbach, Friedrich, Aus den Kämpfen der 4. deutschen Armee um Ostpreußen in der Zeit vom 15. 8. 1944 bis 28. 1. 1945, in: ASMZ, 1950, S. 138–148, S. 278–286, S. 351–363
Ders., Streiflichter aus den Operationen des Südflügels der Heeresgruppe Mitte vom Juli 1943 bis April 1944, in: ASMZ, 1951, H. 4, S. 255–259
Irving, David, Hitler und seine Feldherren, Frankfurt/M.–Berlin–Wien 1975
Janssen, Gregor, Das Ministerium Speer. Deutschlands Rüstung im Kriege, Berlin–Frankfurt/M.–Wien 1968
Jetzl, Erwin, Die Taktik in der Führungslehre der Sowjetarmee (II), in: Truppendienst, 1972, H. 4, S. 333–339
Jung, Hermann, Die Ardennen-Offensive 1944/45. Ein Beispiel für die Kriegführung Hitlers, Göttingen–Zürich–Frankfurt/M. 1971 (= Studien und Dokumente zur Geschichte des zweiten Weltkrieges, hrsg. vom Arbeitskreis für Wehrforschung, Bd 12)
Kehrig, Manfred, Stalingrad. Analyse und Dokumentation einer Schlacht, Stuttgart 1974 (= Beiträge zur Militär- und Kriegsgeschichte, hrsg. vom Militärgeschichtlichen Forschungsamt, Bd 15)
Kissel, Hans, Zur Problematik der Verteidigung von Stellungslinien, in: WWR, 1953, H. 12, S. 585–592
Ders., Der deutsche Volkssturm 1944/45. Eine territoriale Miliz im Rahmen der Landesverteidigung, Frankfurt/M. 1962 (= Beiheft 16/17 der WWR)
Knobelsdorff, Otto v., Geschichte der niedersächsischen 19. Panzer-Division, Bad Nauheim 1958
Koch, Heinz Günther, Kampferfahrungen in der Verteidigung. Deutsche Erfahrungen in den Kurland-Schlachten 1945, in: ASMZ, 1957, H. 1, S. 31–41

Konus, Karl, IcDienst bei höheren Kommandobehörden des Heeres im Ostfeldzug, in: WWR 1952, H 8, S. 394–402
Koslow, Swatoslaw, Zur Entstehung der operativen Kunst, in: ÖMZ, 1972, H. 2, S. 92–95
Krannhals, Hanns v., Der Warschauer Aufstand 1944, Frankfurt/M. 1962
Kriegserfahrungen in der Verteidigung. Beispiele aus dem Kriege 1939–1945, dargestellt von einem deutschen Offizier, Teil I und II, in: ASMZ, 1950, H. 6, S. 336–345, H. 7, S. 428–445
Krüger, Peter, Überlegungen zur Panzerabwehr in der Verteidigung, Teil I, in: Wehrkunde 1975, H. 10, S. 511–515
Liss, Ulrich, Erfahrungen und Gedanken zum Ic-Wesen, in: WWR, 1957, H. 11, S. 616–627
Magenheimer, Heinz, Der deutsche Angriff auf Sowjetrußland 1941, in: ÖMZ, 1971, H. 3, S. 157–164
Manstein, Erich v., Verlorene Siege, Frankfurt/M. 1966
Mellenthin, F. W. v., Panzerschlachten, Eine Studie über den Einsatz von Panzerverbänden im zweiten Weltkrieg, Neckargemünd 1963 (= Die Wehrmacht im Kampf, Bd 36)
Merker, Ludwig, Das Buch der 78. Sturmdivision, Tübingen 1956
Middeldorf, Eike, Die Abwehrschlacht am Weichselbrückenkopf Baranow. Eine Studie über neuzeitliche Verteidigung, in: WWR, 1953, H. 4, S. 187–203
Nehring, Walther K., Die Geschichte der deutschen Panzerwaffe 1916–1945, Stuttgart 1974
Ders., Panzerverluste 1941–1945, in: Kampftruppen, 1974, H. 2, S. 46–48
Nolte, Heinrich, Panzerausfälle bei der sowjetischen 2. Ukrainischen Front während der »Schlammoffensive« vom 5. März – 6. April 1944 auf Uman-Targ. Botosani, in: Kampftruppen, 1974, H. 6, S. 188
Oehmichen, Hermann, Die Krise der Panzerabwehr in der Verteidigung, in: WWR, 1954, H. 1, S. 19–28, H. 2, S. 57–70, H. 3, S. 124–137
Operationsgebiet östliche Ostsee und der finnisch-baltische Raum, Stuttgart 1961 (= Beiträge zur Militär- und Kriegsgeschichte, hrsg. vom Militärgeschichtlichen Forschungsamt, Bd 2)
Philippi, Alfred, und Ferdinand Heim, Der Feldzug gegen Sowjetrußland 1941–1945. Ein operativer Überblick, Stuttgart 1962
Rauchensteiner, Manfried, Krieg in Österreich 1945, Wien 1970 (= Schriften des Heeresgeschichtlichen Museums in Wien [Militärwissenschaftliches Institut], Bd 5)
Rendulic, Lothar, Die Rückwirkung der Ardennenoffensive auf die Ostfront, in: WWR, 1960, H. 9, S. 497–506
Roos, Gerhard, Die Problematik ständiger Befestigungen im Licht der Erfahrungen des II. Weltkrieges, in: WWR, 1953, H. 10, S. 480–486
Sachsenheimer, Max, Die Panzerabwehr bei der Infanterie, in: WWR, 1952, H. 7, S. 350–359
Schmidt, August, Geschichte der 10. Division: 10. Infanterie-Division (mot), 10. Panzer-Grenadier-Division 1939–1945, Bad Nauheim 1963
Schnez, Albert, Neuzeitliche Verteidigung, in: WWR, 1952, H. 10, S. 488–493
Schreyer, Wolfgang, Entscheidung an der Weichsel, Berlin (Ost) 1960
Schukow, Georgi K., Erinnerungen und Gedanken, Stuttgart 1969
Seaton, Albert, Der russisch-deutsche Krieg 1941–1945, Frankfurt/M. 1973
Shilin, P. A. (Hrsg.), Die wichtigsten Operationen des Großen Vaterländischen Krieges 1941–1945, Berlin (Ost) 1958

Sobik, Erich (Oberst), Taktik des allgemeinen Gefechts bei den sowjetischen Streitkräften, Teil 5: Der Angriff, in: ASMZ, 1975, H. 5, S. 185–187

Die sowjetischen Panzertruppen 1944/45, in: Gefechtsbeispiele aus dem Zweiten Weltkrieg, hrsg. von der Arbeitsgemeinschaft Truppendienst, Wien 1971 (= Truppendienst-Taschenbuch, Bd 16), S. 249–258

Spaeter, Helmuth (Hrsg.), Die Geschichte des Panzerkorps Großdeutschland, Bd III, Duisburg-Ruhrort 1958

Speer, Albert, Erinnerungen, Frankfurt/M.–Berlin–Wien 1969 (Ullstein-Taschenbuch, Nr. 3026)

Stoves, Rolf O. G., 1. Panzer-Division 1935–1945, Bad Nauheim 1961

Thorwald, Jürgen, Es begann an der Weichsel, Stuttgart 1950

Wagenführ, Rolf, Die deutsche Industrie im Kriege 1939–1945, Berlin 1954

Walde, Karl, Guderian, Frankfurt/M.–Berlin–Wien 1976

Warlimont, Walter, Im Hauptquartier der deutschen Wehrmacht 1939–1945. Grundlagen, Formen, Gestalten, Frankfurt/M.–Bonn 1964

Webster/Frankland, The Strategic Air Offensive against Germany 1939–1945, Bd III, Teil V, London 1961

Werthen, Alexander, Geschichte der 16. Panzer-Division 1939–1945, Bad Nauheim 1958

Wiener, Fritz, Panzertruppen in der Abwehr. Letzte Kriegserfahrungen und Planungen des deutschen Heeres 1944/45, in: ÖMZ, 1964, H. 4, S. 239–243

Wilhelm, Hans-Heinrich, Die Prognosen der Abteilung Fremde Heere Ost 1942–1945, in: Zwei Legenden aus dem Dritten Reich, Stuttgart 1974 (= Schriftenreihe der Vierteljahrshefte für Zeitgeschichte, Nr. 28), S. 7–75

Wilmot, Chester, Der Kampf um Europa, Frankfurt/M.–Berlin 1961

Abkürzungen

Ia	Erster Generalstabsoffizier (Leiter der Führungsabteilung)
Ic/AO	Dritter Generalstabsoffizier (Bearbeiter des Feindbildes)
Abt.	Abteilung
AGr.	Armeegruppe
A.K.	Armeekorps
Art.	Artillerie
AOK	Armeeoberkommando
ASMZ	Allgemeine Schweizerische Militärzeitschrift
BA-MA	Bundesarchiv-Mitlitärarchiv
bo.	bodenständig
Br.B.	Briefbuch
Brig. (Br.)	Brigade
Chefs.	Chefsache
d.G.	des Generalstabes
F.A.D.	Feldausbildungsdivision
Fallsch.Pz.Div. »HG«	Fallschirm-Panzerdivision »Hermann Göring«
Fest.Div.	Festungsdivision
Fest.Kdt.	Festungskommandant
Gd	Garde
Geb.Div.	Gebirgsdivision
Geb.Korps	Gebirgskorps
Grz.Jg.Div.	Grenzjägerdivision
HGr. (H.Gr.)	Heeresgruppe
HKF	Hauptkampffeld
HKL	Hauptkampflinie
H.Qu.	Hauptquartier
i.Antr.	im Antransport
i.Auffr.	in Auffrischung
i.Aufstell.	in Aufstellung
i.G.	im Generalstab
Inf.Div. (I.D.)	Infanteriedivision
Jg.Div.	Jägerdivision
Kampfgr., K.Gr.	Kampfgruppe
Kav.Div.	Kavalleriedivision
Kdo.	Kommando
Kps.	Korps
KTB	Kriegstagebuch
lei.Div.	leichte Division
Lw.-Feld-Div.	Luftwaffenfelddivision
mech.	mechanisiert
mot.	motorisiert

Ob.Kdo. (Obkdo.)	Oberkommando
OKH	Oberkommando des Heeres
OKL/Fr.Lw. Ost	Oberkommando der Luftwaffe/Fremde Luftwaffen Ost
OKW	Oberkommando der Wehrmacht
ÖMZ	Österreichische Militärische Zeitschrift
Op.Abt.	Operationsabteilung
Org.Abt.	Organisationsabteilung
PAK	Panzerabwehrkanone
Pi	Pionier
Pol.	Polizei
poln.	polnisch
Pz.AOK	Panzerarmee-Oberkommando
Pz.Div.	Panzerdivision
Pz.Div. »F.H.«	Panzerdivision »Feldherrnhalle«
Pz.F.A.	Panzerfeldabteilung
Pz.Gren.Div.	Panzergrenadierdivision
Pz.Korps	Panzerkorps
Pz.Korps »GD«	Panzerkorps »Großdeutschland«
Rdf.	Radfahr
Res.Div.	Reservedivision
Rgt.	Regiment
Sch.Div. (Schtz.Div).	Schützendivision
Sch.Kps. (Schtz.Kps.)	Schützenkorps
Sich.Div.	Sicherungsdivision
Ski-Jg.Div.	Skijägerdivision
SS.Pz. »T«	SS-Panzerdivision »Totenkopf«
SS.Pz. »W«	SS-Panzerdivision »Wiking«
St.Gesch.Rgt.	Sturmgeschützregiment
Tle.	Teile
Turk.Div.	Turkestanische Division
ung.	ungarisch
V.Gren.Div.	Volksgrenadierdivision
VO	Verbindungsoffizier
WWR	Wehrwissenschaftliche Rundschau
z.b.V.	zur besonderen Verwendung